# 격정의 시간

이진형 수필집

교음사

# 또 하나의 과녁

이 세상에 태어나 한 평생을 살아오면서 가슴에 쌓인 이야기를 책으로 엮어보았다. 이번이 세 번째다. 2016년 『아름다운 도전』 2018년 『기다리는 마음』에 이어 2021년 『격정의 시간』을 펴낸다. 책마다 50편씩 150편의 토막글을 모았다. 보통 삼세번으로 승부를 가리니 나의 글솜씨가 이제는 심판을 받을 차례다. 이 책을 읽어보는 독자분들의 반응이 어떠할지 궁금해진다. 싫증이 나서 책을 그만 덮어 버릴는지 재미있다고 계속 읽어줄는지 마치 시험답안지를 제출하고 기다리는 수험생의 심정이다. 높은 점수를 기대하지 않지만, 낙제점만은 받지 않았으면 하는 욕심을 가져본다.

세 권의 책에 실린 글 속에는 하고 싶은 이야기, 잊히지 않고 기억나는 일화들, 가슴속에 묻어두고 털어놓지 못한 사건들, 여행을 다니며 이것저것 보고 느낀 소감을 적었다. 속병이 될지도 모를 오래된 가슴앓이 사연들도 거의 쏟아낸 것 같다. 대나무 숲에서 '임금님 귀는 당나귀 귀'라고 외치는 설화처럼 참지 못하고 기어코 속내를 드러내고 말았다. 가슴속이 후련하다. 이 글들은 수필 장르로 쓰기는 했지만, 수필다운 문학작품이라고 하기에는 한참 모자란다는 사실을 자인하지 않을 수 없다. 이미 발행된 책을 다시 읽어 봐도 부끄럽기 짝이

없는 잡문 모음집이다. 그럼에도 세 번째 책을 또 내는 것은 초심을 잃지 않고 기록전수와 도전의 발걸음을 멈추지 않겠다는 의지 때문이다. 이미 들어선 문인의 길을 중간에 그만두는 반거들충이가 될 수는 없지 않은가.

앞서 발행한 두 권의 책 서문에서 밝혔듯이 나의 삶의 궤적을 기록으로 남기고 독자들이 알아주는 명작 한 편이라도 남겨보겠다는 도전정신으로 글쓰기에 정진하려 한다. 이 두 목표를 겨냥하고 과녁을 명중하지 못할지라도 단념하지 않고 꾸준한 연습을 이어갈 것이다. 끊임없는 연습으로 목표에 근접하는 날이 언제고 도래하리라 믿기에 희망의 끈을 놓고 싶지 않다. 헤밍웨이도 『노인과 바다』를 수도 없이 고쳐 썼다고 하였으며 조지훈의 대표작 『승무』도 깔고 앉은 방석 밑에 습작 원고지가 수두룩이 쌓여 있었다고 한다. 나의 세 권 책에 실린 글도 처음보다는 두 번째, 두 번째보다는 세 번째 책에 실릴 글을 더 다듬다 보니 조금씩 나아지고 있지 않나 자평해 본다.

글을 쓰려고 컴퓨터 앞에 앉으면 잡념이 사라진다. 글의 소재에 집착하고 짝사랑에 빠져든다. 깊은 사유와 심층 분석으로 소재를 완전히 머릿속에 녹여야 좋은 글을 쓸 수 있다. 수필의 대가 피천득의 「오월」 첫 구절을 보자. '오월은 금방 찬물로 세수를 한 스물한 살 청신한 얼굴이다. 하얀 손가락에 끼어 있는 비취가락지다.'로 표현했으니 작가의 상상력이 얼마나 대단한가. 글의 소재는 세상에 널려 있다. 같은 소재를 두고도 작가가 보고 느낀 감동의 차이에 따라 작품의 우열이 달라질 수 있다. 명품도자기를 빚어내듯 많이 읽고, 쓰고, 가다듬고, 깊이 생각하는 결과로 명작 탄생의 기쁨을 맛볼 수 있으리라. 어느 작가의 유명한 작품도 단번에 명작으로 쓰이지는 않았을 것이다.

사람은 일생을 살면서 누구를 만나느냐에 따라 삶의 방향이 달라질 수 있다. 인생 말년에 나는 두 분의 스승을 만났다. 한 분은 나에게 글쓰기를 권유하고 문단으로 이끌어 준 K 소설가이고, 또 한 분은 나의 글 한 편 한 편을 일일이 지적하고 평가해 주는 제1호 독자 Y다. 이 두 분 덕분에 지난 5년간 작가라는 과분한 호칭을 들으며 보람 있고 행복한 시간을 보낼 수 있었기에 감사한 마음 한량없다. 그 인연을 이 책 차례 중 「어느 소설가의 눈물」과 「보약 같은 친구」에서 사실대로 적었다. Y에게 "스승 대접을 어떻게 할까요?" 물으면 "독자들이 깜짝 놀랄 좋은 작품으로 보답하라"며 사려 깊은 충고를 잊지 않는다. 오랜 직장생활을 마치고 딱히 하는 일도 없이 허송세월하고 있을 때, 두 분과의 인연은 새로운 삶의 의미를 깨우치고 생기를 불어넣어 주는 활력소가 되었다.

글을 쓰기 시작하면서 몇 군데 문학단체에도 가입하고 유명 강사의 강의도 받아보았다. 잘 쓰지도 못한 글이지만 문예지와 신문에도 가끔 실어주니 인쇄된 나의 글을 받아보는 재미가 기분을 돋운다. 여러 문인과 교류하면서 일 년에 한두 차례씩 문학기행을 다니며 추억을 쌓았다. 나의 고향 영양에 있는 조지훈 문학관과 이문열 광산문학관이 자랑스럽다. K 소설가와 함께 문향文鄕의 전통을 이어가는 한 사람의 문인으로 이름을 남길 수 있다면 얼마나 행복할까. 욕심을 가져보지만, 전업 작가로 살아오지 않는 나에게는 희망사항일 뿐이다. 하지만 희망이 완전히 사라진 것은 아니다. 작가는 작품으로 이름을 알리고 평가받는 직업이므로 남은 생애에 독자들이 마음을 사로잡는 명작 한 편이라도 세상에 선보이면 나의 마지막 희망도 현실이 되지 않겠는가. 그런 날이 오기를 꿈꾸며 귀뚜라미 울음소리가 정겹게 들리는 사색思索의 계절에 새로운 각오로 새 출발을 다짐한다.

2021년 가을, 저자

| 이진형 수필집 |

- 차 례
- 작가의 말

## 1부 통금 시대



## 2부 격정의 시간

## 3부 만월대의 달빛



## 4부 물레방아

## 5부 그날이 언제일까

# 1

# 통금 시대

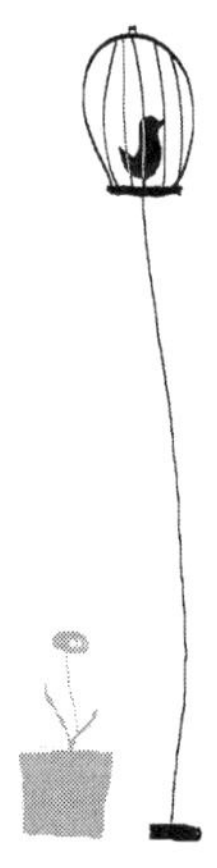

통금 시대

불가욕 불가원不可慾 不可遠

어처구니없는 일

먹살잡이 · 1

먹살잡이 · 2

그때 그 자리

사과 한 박스

3C 친구

원효로 추억

네 친구의 합창

# 통금 시대

야간 통행금지는 해방 후 미군정시기에 시작되어 1982년까지 37년간 지속되었다. 밤 12시에 사이렌 소리가 울리면 호각소리와 함께 시커먼 방망이를 옆구리에 찬 방범대원들의 구두 발자국 소리가 요란하게 들렸다. 하루 24시간 중 자정부터 4시간은 고스란히 일상생활 속에서 지워져 버린 셈이다. 그때 그 시절을 살았던 사람들 중에는 통금에 얽힌 에피소드가 한두 가지씩은 기억 속에 남아 있으리라. 나의 인생살이 절반도 통금시대에 살아왔으니 어찌 기막힌 사연이 없겠는가.

서울 체신청에 재직할 당시 야간근무를 마치고 동료들과 맥줏집에 들렀다. 어느 정도 주기가 오르면 꼭 2차를 가자고 선동하는 주당酒黨이 있다. 그날도 분위기에 휩쓸려 '방석집'이란 곳을 갔다. 방석을 깔고 앉아 술상에 젓가락 장단을 두드리며 「목포의 눈물」을 부르는 곳이다. 접대 아가씨까지 옆에 앉으니 주당들 기분은 최고조에 이르고 급기야 12시를 넘기고 말았다. 술값과 아가씨 팁까지 예상보다 많은 금액이 청구되자 옥신각신 시비가 벌어졌고, 그만 고성이 밖에까지 들리는 바람에 순찰을 하던 경찰관 두 명이 들이닥쳤다. 갑자기 싸늘해진 분위기 속에 경찰은 통금시간을 넘겨 영업을 했다는 이유로 여주인도 같이 파출소로 연행하겠다고 으름장을 놓는다.

바로 그때 경찰관 중 한 명의 얼굴이 낯설지 않아 자세히 보니 고등학교 일 년 선배가 아닌가. 신입생 신고 시킨다며 후배 구타가 다반사茶飯事로 벌어지던 시절에 기율紀律 완장을 찬 그에게 빰을 맞은 일이 있다. 서로 얼굴을 확인하고 "어" 하며 탄성을 내질렀다. 졸업 후 15년이 넘도록 한 번도 만나지 못했다가 야릇한 장소에서 극적으로 만났지만 참으로 민망하고 난감한 자리가 되고 말았다. 그 선배는 나에게 눈인사만 하고 아무 말 없이 가버렸다. 후배 체면을 봐주는 건지 빰 때린 보상인지 엄격한 공무집행을 유보하는 눈치였다. 방석집 주인이 이외의 상황에 놀라 나를 검사로 착각하고 술값을 깎아 주겠단다. "아저씨 검사세요?" 하며 물어보던 표정이 지금도 생생하게 기억된다. 말단 공무원이 졸지에 검사 신분이 되었다. 그 선배가 그지없이 고마웠으나 그 후 다시 만나지 못하고 지내다가 작년에 소천召天했다는 소식을 들었다. 당시의 고마움을 제대로 전하지도 못했는데 먼저 가버렸구나.

또 한 번은 '닭장차'를 타게 된 부끄러운 경험이 뇌리에 남아 있다. 닭장차란 닭을 싣고 다니는 화물차를 말하지만, 범법자를 수송하는 경찰차량을 박스형 철장까지 모양이 비슷해서 속칭俗稱 닭장차라고 불렀다. 데모가 만연하던 시절에 데모 주동자를 강제로 닭장차에 태우는 볼썽사나운 장면이나 훗날 대통령이 된 어느 민주인사도 닭장차에 떠밀어 넣는 장면을 TV 뉴스에서 자주 봐왔다. 정치인이 닭장차를 타면 투쟁경력이 쌓인다지만 나 같은 공무원이 닭장차를 타면 망신만 당하고 상사로부터 근신경고를 받아야 한다. 주색잡기를 멀리하라 했는데 잘 지켜지지 않고 결국 술이 망신살을 불러왔다. 그날도 늦은 야근에 동료들과 중국집에서 배갈을 한 병 비우고 2차로 맥줏집에 들렀다가 그만 과음하는 바람에 통금시간을 넘겨 북창동파출소로 연행되었다.

야간 파출소 풍경은 그야말로 가관이었다. 먼저 연행된 통금 위반자가 만취된 상태로 담당 경찰관에게 추태를 부리고 있었다. "내가 누군 줄 아느냐? 너 같은 경찰 졸병은 이 자리에서 전화 한 통으로 옷을 벗길 수 있어!" 하면서 심문조서를 쓰고 있는 경찰관 책상을 주먹으로 꽝 내리쳤다. 그 바람에 잉크스탠드의 파란색 빨간색 잉크물이 그만 경찰관 이마에 태극기를 그리고 말았다. 정말 어이없는 일이 순식간에 벌어졌다. 그 당시는 컴퓨터가 없으니 철필로 잉크를 찍어 글씨를 쓰던 시절이었다. "그래 내일 옷을 벗더라도 너 같은 놈은 그냥 둘 수 없다" 하면서 수갑을 채워 의자에 묶어버렸다.

밤 한 시쯤 여러 파출소에 연행된 통금 위반자들은 모두 닭장차에 태워져 종로경찰서 유치장에 갇혔다. 그때 종로경찰서는 왜정 때 지은 작은 이층 건물로 수많은 독립투사를 감금하고 고문한 악명 높은 경찰서이다. 도산 안창호 선생께서도 내가 갇힌 이 유치장에 구속되어 계셨다니 똑같은 구속인데 그 이유는 비교하기가 부끄러울 만큼 천지 차이가 아닌가. 도산 선생께서는 이 방에 계시면서 오로지 나라의 독립만을 생각하셨을 것이다.

경찰서 유치장은 더 가관이었다. 좁은 방에 남녀 구분 없이 가득 밀어 넣는 바람에 만원 버스처럼 빼곡히 앉았다. 구석에 있는 좌변식 변기에서는 악취가 코를 찔렀다. 죄지은 결과가 이렇구나! 후회하며 어서 여기를 빠져나가고 싶은 생각뿐이었다. 그 상황에서도 술이 덜 깨서 계속 주정을 부리는 사람, 젊은 여성에게 슬금슬금 다가가는 녀석, 경찰관을 큰소리로 불러대는 사람으로 시끄러운 시장바닥 같았다. 각양각색 인간 군상들의 적나라한 모습을 그대로 보여주는 유치장 밤 풍경이다. 특이한 것은 가끔 경찰관에게 불려 나간 사람이 돌아오지 않는 것을 보면 여기서도 특혜를 받고 풀려났을 것으로 짐작된다.

다음 날 아침 다시 닭장차에 태워져 서대문에 있는 법원 즉결재판소로 넘겨졌다. 평생 처음 판사 앞에서 판결을 받고 보니 두려움보다는 실소를 금할 수 없었다. 워낙 통금 위반자가 많다 보니 일 분에 한 명꼴로 아나운서 중계하듯 약식판결을 하는데, 나의 경우는 주소 이름을 말하고 '벌금 500원'으로 끝났다. 죄명은 '야간통행금지법' 위반이다. 하루 밤낮 사이에 파출소-경찰서-약식재판까지 두루 거치며 뼈저린 인생 공부를 하고 겨우 풀려났다. 오후에 출근했더니 직속 계장이 "이 주사는 출근 시간도 몰라?" 하며 버럭 소리를 지른다. 이 약식재판도 오랫동안 전과 기록으로 남아 있다가 어느 땐가 대통령 특별사면으로 전과 1범 기록이 소멸되었다.

통금시절이 만들어 낸 재미있는 이야기도 있다. 장호원에서 술을 마시다가 12시를 넘긴 술꾼들이 다리 하나를 건너 통금이 없는 충북 음성지역으로 도망가면 경찰관이 잡을 수 없었다고 한다. 강화군 석모도에 놀러 갔던 연인 사이 남녀가 12시 전에 뱃길이 끊어지니 어쩔 수 없이 혼전합방婚前合房이 이루어지고, 가수 배호가 1971년에 발표한 「영시의 이별」은 통금시간에 다닐 수 없다는 이유로 발표하자마자 금지곡이 되었다고 한다. 짧은 하룻밤이지만 일 년에 세 번 크리스마스이브, 석가탄신일, 제야除夜의 날만은 통금해제로 모처럼 활기를 찾았고, 설레는 마음으로 이날을 기다리는 연인들도 많았으리라.

지금은 통금 위반 단속시대가 아니라서 시간에 쫓기지 않고 밤 문화를 마음껏 즐길 수 있지만, 그 시절에는 하루의 모든 생활 패턴이 밤 12시에 맞춰져 있었다. 그래도 통금 위반자는 매일같이 생겨나고 그 이유도 가지가지이며 심지어는 통금 위반을 역이용하는 데이트족도 생겨났다. 즉 마음에 드는 여자를 유혹하는 꼬임수로 어떻게 하든지 데이트 시간을 끌어 밤 12시를 넘기고 보는 것이다. 그러고는 짐짓 모르는 척하면서 능청을 떤다.

"어! 12시가 지나버렸네. 어쩌지? 밖에서 잘 수도 없고, 미스 김!

일단 여관으로 갑시다." 하자, "아이~ 창피해서 어떻게 여관에 가요?" 하면서 머뭇거린다. "여기 있으면 경찰관이 와서 붙들어가니 빨리 여관으로 피해야 돼요" 하고는 미스 김을 꽉 붙잡고 여관으로 들어갔다. 미스 김도 상황이 그러하니 그만 체념하고 못 이기는 척 따라 들어갔다. 밤 12시가 통금시간이란 걸 알고 있으면서도 은근히 남자의 유혹을 기다린 것은 아닌지 여자의 마음을 누가 알겠는가. 그날 밤 두 남녀의 인연은 어떻게 되었는지 그 뒷이야기는 들은 바가 없어 모르겠다. 이 핑크빛 실화를 동창회에서 재미있게 털어놨더니 바로 나의 체험담이 아니냐고 윽박지르며 덮어씌우려고 한다. 그들에게 상상의 나래를 마음껏 펼치도록 소이부답笑而不答으로 해명을 대신했다.

# 불가욕 불가원不可慾 不可遠

1963년 2월 K전화국 서무과에 초임 발령을 받고 얼마 지나지 않아 놀라운 사건에 부닥쳤다. 어느 날 아침 바로 옆자리에 있는 P 인사 주임이 10시가 넘어도 출근하지 않는다. 아마 집에 급한 일이 생겨서 늦나 보다 생각하고 기다리고 있는데, 종로경찰서에서 전화가 왔다. 아무개 직원이 조사를 받고 있으니 직속 계장을 참고인으로 호출한다는 전화다. 서무계장과 함께 경찰서로 가서 고무신을 신고 있는 P 주임을 만났다. 조사관으로부터 사건의 전말을 듣고 놀라지 않을 수 없었다. 전연 생각지도 못한 사건이 터졌으니 이 일을 어찌 수습해야 한단 말인가.

사건의 발단은 P 주임이 가짜 전화 승낙서를 만들어 전화상에 넘기고 돈을 받아 벌어진 일이다. 상당 기일이 지나도 전화가 가설되지 않자 전화상이 뒤늦게 속은 것을 알고 경찰서에 고소한 것이다. 전화 승낙서에 관인을 몰래 찍었으니 공문서위조고, 전화 설치가 안 되는 줄 알면서 전화상을 속였으니 사기죄에 해당하고, 공무원 품위유지 의무를 위반한 것은 더 말할 것도 없으니 어쩔 수 없이 공무원 신분을 내려놓고 불명예 퇴직을 하고 말았다. 갑자기 벌어진 황당한 사건이라 너무 놀랍고 안타까운 마음에 말문이 막혔다. 그의 의원면직 인사발령 기안문을 직접 내 손으로 쓰고, 나는 서기보에서 보補 자를 떼고 한 직급 승진하여 그의 빈자리에 앉으니 착잡한 심정을 가눌 수가 없었다. 자꾸만 그의 가족에게 죄를 짓는 것 같아 한동안 고개를 들고 다니지 못했다.

P 주임은 300여 명 직원의 인사팀장으로 나보다 한 직급 높은 대선배다. 위세를 부릴 만한 자리에 있었지만 전연 티를 내지 않는 겸손한 성격으로 누구도 그의 험담을 늘어놓지 않았다. 인사발령 기안문이나 직원 근무평정은 보안을 위해 타자를 하지 않고 수기를 했는데, 팀장인 그가 전담하고 나는 그를 도와 인사 기록카드와 첨속 서류 정리, 발령통지, 출근부 관리 등 인사보조 업무를 수행하였다, 첫 직장에서 처음 만난 그에게서 인사 행정 업무를 하나씩 익혀 나갔으며, 후배 직원을 자상하게 대해주던 그의 모습이 지금도 눈에 선하다. P 주임이 갑작스러운 퇴직 소식이 전화국내 많은 직원에게 알려지고 이런저런 이야기기 입소문을 타고 퍼져 나갔다. 평소 모범적인 공무원이 어쩌다 돈의 유혹에 넘어갔을까, 앞길이 창창한 젊은이가 돈 때문에 망가졌다고 측은하게 생각하는 여론이 돌았다.

당시 전화 사정은 급증하는 전화 수요와 비교해 공급할 수 있는 전화국 교환시설이 워낙 부족하였다. 신설된 K전화국도 서독 EMD 교환시설이 수천 회선에 불과하여 전화 놓기가 복권 당첨만큼이나 어려운 시기였다. 겨우 승낙이 가능한 교환시설을 100여 회선 정도 모았다가 전화국 뒷마당에서 은행알 공개 추첨을 통하여 당첨자에게 행운을 안겼다. 이 전화는 타인에게 양도가 가능한 백색전화라고 하여 당시 전화 한 대 값이 보통 집 한 채 값과 맞먹었고, 재산 목록 1호인 집전화가 있으면 잘사는 집으로 모두들 부러워하였다. 그 후 전화 교환시설이 크게 늘어남에 따라 전화 승낙제도가 1순위부터 9순위까지 단계별로 바뀌면서 조금씩 전화 갈증을 해소시켜 나갔다. 이 전화는 양도를 금지한 청색전화라 불렀는데, 수년간 백색, 청색전화가 공존하는 시대가 계속되었다.

1963년도에 처음 받은 봉급이 5,000원이 못 되었으니 시세가 수십만 원 하는 백색전화 한 대로 엄청난 재산을 일시에 모으는 것이다. 이런 행운을 잡으려고 전화상들은 눈을 부릅뜨고 전화국에 안테나를 고정해 놓고 온갖 수단 방법을 동원하였으니 P 주임에게도 이들이 내미는 유혹의 손길이 뻗쳤으리라. 돈이란 참으로 요사스러운 도깨비방망이다. 때로는 사람을 즐겁고 행복하게 만들어 주기도 하고, 때로는 사람을 헤어날 수 없는 구렁텅이로 몰아넣는다. 사람이 살아가는데 돈이 전부냐고 쉽게 말은 하지만, 과연 돈 없이도 사람이 살아갈 수 있을까. 인생살이는 출생에서부터 무덤에 묻힐 때까지 모두 돈과 엮어져 있다. 돈이 없으면 일상생활을 이어가기가 힘드니 너도나도 돈을 모으려고 안간힘을 쓴다. 이 세상 많은 사람들이 돈벌이에 온 힘을 기울이고 그렇게 일생을 보낸다. 무엇보다 인간 생활의 기본요소인 의식주衣食住 비용은 돈 없으면 유지되지 않는다. 문밖을 나가 집으로 돌아올 때까지 모두 돈을 쓰는 소비생활이다. 어버이날에 부모님들이 받고 싶은 선물순위 1위가 돈이라니 세상은 온통 돈타령이다.

단체 행사나 동창회에 나가 보면 돈 많은 사람이 그래도 돈을 제일 많이 쓰고 찬조금도 여러 번 낸다. 그런 사람이 부럽고 돋보인다. 가끔 소주 한잔 걸친 김에 "돈 많아서 좋겠다. 무슨 재주로 그 많은 돈을 모았냐?"며 주책을 떠는 친구도 있지만, 불법으로 번 돈이 아니라면 자기 노력으로 부자가 된 사람에게 조금도 비아냥거릴 일이 아니다. 남다른 치부의 재능이 있거나 재운財運이 따라준 결과일지도 모르는 일인데, 무턱대고 돈 많은 사람을 백안시하거나 경멸하는 태도는 옳지 않다고 본다. P 주임 사건을 직접 겪으며 돈의 위력을 실감했다. 돈이란 너무 탐해서도 안 되고, 너무 멀리해서도 안 되는 불가욕불가원不可慾不可遠의 존재다. 화폐 기능은 물질 가치의 교환수단으로 만든 종잇조각에 불과하지만, 인간이 살아온 역사는 그 돈 때문에 생명과 재산을 빼앗고 전쟁까지 일으킨 사례가 얼마나 많은가.

몇 달 뒤 P 주임이 월부月賦 책을 들고 사무실을 찾아왔다. 얼마나 가정형편이 어려우면 다시 오고 싶지 않은 옛날 직장을 찾아왔을까. 목구멍이 포도청이라 수치심을 무릅쓰고 가족의 생계를 위해 돈벌이에 나섰으리라. 아픈 곳을 건드리고 싶지 않아 사건수습은 잘 되었느냐고 물어보지 않았다. 받은 돈을 돌려주고 고소 취하 절차로 해결하였다는 그 뒷 소식을 이미 듣고 있어서다. 그의 축 늘어진 어깨에서 가장으로서의 무거운 책임감이 감지된다. 지금도 서장에 꽂혀 있는 한자옥편과 국어사전을 글을 쓸 때마다 가끔 펼쳐보며 인생의 쓴맛을 보여준 그에게서 연민의 정을 느낀다. 그 뒤 오랫동안 그의 행적을 듣지 못했다가 몇 년 전에 타계했다는 소식을 전해 들었을 때, 그놈의 돈 때문에 한 사람의 성실한 공직자의 인생 말로가 아픈 기억으로 떠올라 두고두고 마음속에 잿빛 그늘을 드리운다.

# 어처구니없는 일

까마득한 옛날 일을 이제 털어놓는다. 이미 40여 년이나 지나간 과거의 일인데 다시 들추어내려니 자칫 당사자의 명예를 훼손하는 일이 되지나 않을까 매우 조심스럽다. 당사자가 아직 같은 하늘 아래 살고 있고 친목모임에 나가면 안부 소식도 가끔 듣고 있어서다. 세월이 약이란 말처럼 지나간 아픈 상처도 이제는 모두 치유되었으리라 자위하면서 그때 벌어졌던 어처구니없는 상황을 그대로 재현해 본다.

1970년대 S 체신청에 재직할 때다. 매년 한 번씩 을지연습을 정부 주관으로 실시하는데 그야말로 전쟁연습이다. 이 기간에는 전 공무원이 참여하여 전쟁가상훈련을 실시한다. 그 기본계획은 모든 전쟁 상황에 대비하여 시나리오별로 치밀하게 작성한 '충무계획'에 담겨 있다. 이 계획을 담당하는 실무주사로서 을지연습이 시작되기 한 달 전부터 밤늦게까지 야근을 계속하고, 실제상황에 맞는 충실한 내용을 책으로 편집하느라 진땀을 흘렸다. 최종 결재자인 청장의 마음에 들어야 하기 때문이다.

드디어 충무계획을 결재받으라고 지시한 날 아침이 되었다. 9시가 정상업무 시작 시간이지만 자신이 출근하는 8시 반까지 청장실로 가져오도록 지시를 내렸다. 직속 상사인 A 계장이 정확히 시간을 지켜 청장 책상 위에 놓고 부동자세로 결재를 기다렸다. 혹시 결재를 받지 못할까 봐 긴장된 순간이다. 이게 웬일인가? 그만 급변사태가 벌어지고 말았다. 별안간 500페이지가 넘는 두꺼운 책 뭉치가 번개같이 날아와 A 계장의 가슴팍에 안겼다. 책은 펼쳐보지도 않고 첫 마디가 "견출지를 왜 안 붙여 왔어?" 하면서 버럭 소리를 질렀다. "알겠습니다." 하고 허둥지둥 책을 안고 청장실을 나오려는데 다시 불렀다. 옆으로 오라고 해서 다가가니 "왜 지시대로 하지 않아?" 하면서 구둣발로 A 계장의 정강이를 걷어찼다.

엉겁결에 차이고 나서 아픈 다리를 절뚝거리며 청장 책상 앞으로 도망을 가다 그만 안경을 떨어뜨렸다. 뒤따라오던 청장이 안경을 잘못 밟아 박살이 났다. 갑자기 안경이 없으니 출구를 찾지 못하고 청장 책상을 빙빙 도는데 청장은 계속 잡으려고 따라다녔다. 출근하자마자 청장실에서 두 사람이 술래잡기 놀음을 하는 모양새다. 얼마나 어이없는 광경인가. 결재를 초조하게 기다리다 안경을 쓰지 않고 사무실로 돌아오는 A 계장을 보고 의아하게 생각하며 결재를 받지 못했음을 눈치챘다. A 계장은 사색이 된 얼굴로 아무 말 없이 책상을 정리하더니 사무실을 나가 바로 집으로 가버렸다. 사표를 우송하겠다는 전화를 총무과장이 받았다고 한다. 순식간에 기가 막힌 일이 벌어졌고 사태가 심상치 않음을 알고 나서는 총무과장에게 전말을 보고 드렸더니 아무에게도 말하지 말라는 엄명을 내리신다.

예상치 못한 사태가 발생한 원인은 전적으로 실무자인 나의 잘못이다. 30여 개의 세부 계획별로 찾기 쉽게 견출지를 붙여야 하는데 계획내용 작성에 정신이 팔려 그만 마지막 작업을 빠뜨리고 결재를 올린 것이 청장의 노여움을 불러온 것이다. A 계장도 시간을 맞추느라 꼼꼼히 검토하지 못하고 결재를 받으려다 오랜 공직생활에서 처음으로 큰 망신을 당했으니 그 울분이 오직 하였으랴. 그날 퇴근 후 A 계장 댁을 찾아가서 제가 잘못했음을 사과드렸으나 분노의 마음을 삭이지 못하고 계셨다. "나도 집에서 가장이고 명색이 사무관 계장인데 청장이라고 노예 다루듯 그렇게 망신을 줄 수 있느냐? 그만둔다고 전하게" 돌아와서 총무과장에게 보고했더니 내가 설득해 보겠으니 이 주사는 나서지 말라고 하였다. 총무과장의 간곡한 설득이 주효奏效했음인지 사흘 뒤 A 계장이 출근하면서 사태는 수습되었다.

A 계장이 마음을 바꾼 것은 고심 끝에 내린 결심으로 현명한 판단을 하였다고 생각된다. 불혹不惑의 나이를 넘겨 어렵게 사무관까지 진급했는데 처자식이 딸린 가장이 쉽게 직장을 떠날 수는 없지 않은가. 마음 같아선 청장 안면에 사표를 내던지고 싶지만 마음대로 할 수 없는 것이 직장풍토다. 만약 사표를 고수했다면 두고두고 가슴앓이를 해야 하는 나의 입장을 생각하니 모골이 송연하다. 사흘 동안 죄인의

된 심정으로 번민의 늪을 헤매다 다시 출근하는 A 계장의 얼굴을 보니 그렇게 반가울 수가 없었다.

이 사건이 청내廳內 각 사무실에 일파만파로 퍼지면서 직접 결재를 받아야 하는 사무관 계장들이 청장실에 들어가기를 호랑이 굴에 들어가는 것처럼 싫어했다. 청장의 '정강이 까기' 악행을 피하려면 일이 벌어지기 전에 먼저 도망가야 한다는 입소문이 돌았다. "당신은 오늘 깨지지 않았어?" 하는 말이 계장들 간에 아침 인사가 되었다. 실제 4개과 16명 계장들 중 청장에게 깨지지 않는 사람은 두 명 정도였다고 한다. 그날 결재를 꼭 받아야 할 담당 계장은 출근하기가 두려워 머뭇거리니 아내가 등을 떠밀어 나오기는 했지만 지금 공포에 떨고 있다고 너스레를 떨기도 했다.

C 청장은 어떤 인물인가? 5.16 후 육군대령에서 군복을 벗고 서기관으로 공직에 발을 디딘 후 수년간 여러 보직을 거치다 갓 이사관으로 승진하여 청장 직위에 올랐다. 소속 직원이 만여 명에 이르는 큰 조직의 수장이 되었으니 위세가 대단하였고 성정性情이 불같아 무서운 청장으로 정평이 났다. 그처럼 무서운 청장도 본인 집무실에는 아내 자녀들과 함께 찍은 가족사진을 걸어 두고 있었다. 어느 과장이 그 이유를 물어보았다. 가족사진을 보면서 일을 하면 추진력이 더욱 솟아난다고 하더라니 어쩐지 쓴웃음이 나온다. 그 솟아 나오는 추진력으로 부하 직원의 정강이를 걷어찼단 말인가.

아무리 상사라도 서류뭉치를 집어 던지고 정강이를 구둣발로 차는 것은 마땅히 비난받을 일이고 더 이상 상사에 대한 존경심도 사그라진다. 군대의 악습이 정부조직에 전염되면서 그대로 보여주는 잘못된 단면이 아닌가. 그 후 C 청장은 불도저식 추진력으로 업적을 인정받아 차관 자리에까지 영전했지만, 그의 예하에서 일했던 많은 부하 직원들은 지금도 회식 자리에서 그에게 당한 일화를 술안주 감으로 곱씹는다고 한다.

괴팍한 그의 성질은 본인 승용차 운전기사에게도 다르지 않았다. 차가 밀려 정한 시간에 늦었다가 그 많은 사람이 다니는 명동 거리 식당 앞에서 기합氣合을 받기도 했단다. 수시로 인격을 멸시하는 듯한 언행에 그동안 쌓인 모멸감을 더는 참지 못하고 그만 퇴근하는 길에 청장을 한강변에 내려놓고 분풀이를 하였다고 한다. 이직離職을 결심한 단호한 결단이었다. 그 분풀이가 어느 정도인지는 곁에서 본 사람이 없으니 퇴근 후 회식 자리에서 직원들은 제멋대로 입방아를 찧는다. 갑자기 청장 운전기사가 교체된 사정을 눈치챈 직원들이 통쾌한 복수라고 고소해하며 대리만족을 느끼는 표정들이었다.

A 계장이 청장에게 그 봉변을 당하고도 정작 당무자인 나에게는 한마디 질책도 하지 않으셨다. 왜 견출지를 붙이지 않았느냐고 크게 나무랄 일이지만 혼자 묵묵히 가슴에 삭이는 자세가 나를 더욱 뉘우치게 만든다. 정강이를 차인 화풀이를 똑같이 나에게 한다 해도 무슨 항변을 할 수 있겠는가. 후덕한 인품의 소유자인 A 계장은 그토록 가슴 아픈 시련을 이겨내고 그 후 높은 직위에까지 영전하였다. 그때 청장실 장면이 평생 머릿속에 남아 가끔 떠오를 때마다 한강변 분풀이 사건이 연상되어 쓴웃음을 짓게 한다.

# 멱살잡이 · 1

아무리 잊고 싶어도 잊히지 않는 일이 있다. 문득문득 그때 일이 떠올라 가슴이 아리다. 오랜 직장생활을 하면서 그토록 수모를 당한 일이 없었으니 쉽게 잊힐 리야 있겠는가. 너무나 부끄럽고 창피해서 혼자 가슴속에 묻어두고 누구에게도 발설하지 않았던 사건이다. 남에게 은혜를 입은 일은 세월이 흐르면 잊히기도 하겠지만, 억울하게 당한 모멸감은 평생 마음속에 응어리로 남아 쉽게 풀리지 않으니 어찌하면 좋을까. 상대를 찾아가 한풀이를 하고 싶어도 그럴 수도 없는 처지이니 스스로 앙심의 굴레를 벗어버리고 싶은 심정에서 이렇게 글로나마 털어놓는다. 그리하면 조금은 마음이 편안해질 것 같아서다.

30여 년 전 KT 본사 부장 시절에 겪었던 일이다. 1982년 전화업무가 정부조직에서 공기업체로 넘어가면서 느닷없이 주관부처인 체신부의 감독을 받게 되고 철밥통이라 불리는 공무원 신분도 20년 만에 떨어져 나갔다. 이 과정에서 꼴사나운 일이 수도 없이 벌어졌다. 주무부처의 지나친 감독권 행사는 때로는 합법적으로 때로는 비공식적으로 시시콜콜 간섭한다. 얼마 전까지만 해도 같은 공무원 신분으로 허물없이 지내던 사이가 갑자기 신분이 바뀌니 체신부에 남은 공무원들이 안면을 몰수하고 위세를 부리기 시작했다. 나이도 계급도 아래인 말단 직원이 KT 부장급 간부를 반말로 오라 가라 한다. 그것도 수시로 자료 제출을 요구하면서 괴롭힌다. 제출 자료 작성이 쉽지 않아 조금 늦기만 하면 전화 독촉이 빗발치다가 급기야 욕설까지 한다.

바로 S 주사主事다. 감독관청 공무원 신분을 과시하며 오만하기가 그지없다. KT 사내에서는 이미 독종으로 알려진 기피인물이다. 피차 공적인 일로 부딪히는 일인데 욕설까지 하다니 도저히 참을 수가 없었다. 위층에 있는 그의 상사인 L 과장 방으로 헐레벌떡 뛰어가 그간에 당한 모욕을 숨 가쁘게 내뱉고 들고 있던 서류를 S 주사에게 던졌다. 그 순간 L 과장이 다짜고짜 나의 멱살을 꽉 잡고 밀치는 바람에 사무실 바닥에 나뒹굴어졌다. 세종로 12층 사무실에서 공직자끼리 멱살을 잡고 싸웠다는 소문이 삽시간에 사내에 퍼져 나갔다. 세상에 이런 수모를 당하다니 억울하고 분한 마음을 어디에다 하소연한단 말인가. 여러 직원에게 떠밀려 문밖으로 나오면서 복수할 방법을 생각했다. 그날 퇴근 후 L 과장과 사내 休게실에서 조용히 만나 사과하지 않으면 폭행으로 고소하겠다고 했다. 그는 아무 말 없이 일어나 가버렸다. 마음대로 해보라는 오만한 태도에 분憤이 풀리지 않았다.

나는 L 과장을 잘 안다. 처음 발령받은 전화국에서 말단 5급 서기로 같이 근무를 하기도 했지만, 그는 명문대를 나온 엘리트로 승승장구하여 감독관청의 높은 지위에까지 올랐다. 그의 입장에서 생각해 보았다. 과거 아무리 교분이 있었던 사이라도 갑의 지위에서 을의 지위에 있는 나를 만만하게 보는 눈치가 뻔하다. 고소도 하지 못할 것이라 넘겨짚고 사과도 하지 않는 태도가 그렇지 않은가. 사실 고소는 그가 생각한 대로 큰 파문을 가져오리라 예측되어 쉽게 결단을 내릴 수가 없었다. 고소로 확대되면 일시적인 감정 풀이는 될지언정 장차 나에게 미칠 신분상 피해는 물론 몸담고 있는 조직에 미칠 영향도 고려하지 않을 수 없어 결국 포기하고 말았다. 그에게 멱살잡이를 당한 모욕을 언제든 갚아 주리라 마음먹고 직장생활을 하는 동안 별러 왔지만 퇴직할 때까지 갑과 을의 위치가 바뀌지 않아 앙갚음을 할 수 있는 기회가 오지 않았다.

오히려 그는 사과는커녕 나의 승진길을 막았다. 장관 표창이 있어야 승진길이 열리는데 두 번이나 올린 장관 표창을 탈락시켰다. KT에서는 우수 직원으로 표창상신을 했는데, 주무 심사관의 권한을 공정하게 행사하지 않고, 자기에게 대들었다고 사감私感으로 나의 앞길을 막으니 그에 대한 분노가 가슴에 돌덩이를 쌓았다. 본부장님께 사실대로 호소했더니 본인도 감독관청에 많이 시달렸지만, 을의 설움을 참고 지낸다고 하셨다. 체면 때문에 차마 본인이 할 수 없는 행동을 이 부장이 대신 총대를 메고 한풀이를 해주었으니 표창문제는 L 과장을 직접 만나 매듭지어 주겠다고 했다. 이 바람에 또래보다 3년 늦게 장관 표창을 받아 겨우 국장으로 승진할 수 있었다. 순간을 참지 못하고 울컥하는 성질을 부리다 결국 인사상의 불이익을 크게 당하고 말았다. 퇴직 후 한 번도 L 과장을 만나지 못했다. 만나기만 하면 그 때는 왜 멱살을 잡았고, 또 표창은 왜 퇴짜를 놓아 승진길을 막았느냐고 항의하고 싶었지만, 그도 이미 망구望九의 나이를 지나 병고에 시달린다는 소문이 들리니 이제 와서 따져본들 부질없는 객소리가 허공으로 날아갈 뿐이다.

세상살이는 돌고 돈다. 오 년의 세월이 흐른 뒤, S 주사를 KT조직에서 다시 만났다. K 전화국장으로 재임 시 관내 하급 전화국에 근무하는 S 주사의 보고를 받는 자리다. 참으로 묘한 인연이다. 한때 갑의 위치에서 욕지거리하고 L 과장에게 멱살을 잡히게 한 장본인이 아닌가. 수년의 세월이 흘러 이제는 갑과 을이 뒤바뀐 입장에서 S주사에게 그때 받은 수모를 되돌려 줄 좋은 기회를 맞았다. 내가 어떻게 나올지 무슨 말을 할지 안절부절못하면서 그는 고개를 들지 못한다. 과거의 못된 행적이 업보로 느껴졌으리라. 막상 만나고 보니 보복의 감정보다는 측은한 생각이 들었다. 어쩌다 여기까지 흘러왔을까. 사무관 승진이 어려우니 실리를 좇아 KT로 넘어오면서 과거 괴롭힌 KT 사원들을 만나기가 두려워 많은 고민도 했으리라. L 과장에 대한 보복은 하지 못했어도 S 주사에 대한 앙심은 어느 정도 누그러졌다.

L 과장, S 주사 두 사람이 나에게 입힌 상처는 아직도 완전히 아물지는 않았다. 이 세상을 떠나기 전에 세 사람이 다시 만나 소주잔을

기울이며 마지막 화해의 자리를 가지고 싶다. '맞은 놈은 펴고 자고 때린 놈은 오그리고 잔다.'고 했다. L 과장, 당신도 저물어 가는 인생길에 해원解冤하는 마음으로 나에게 사과 한마디쯤은 남겨야 하지 않겠소. 사람이 한세상 살면서 남에게 원한을 사면 그 업보가 후대에도 미친다는 사실을 상기하기 바라오. 나 자신을 되돌아본다. 나는 과연 사회생활을 하는 동안에 수많은 사람과 인간관계를 맺으며 남에게 못할 짓은 한 일이 없는지, 뼈아픈 소리를 함부로 내뱉지는 않았는지 곰곰이 생각해 본다. 설령 그런 일이 있었다 해도 이제는 엎질러진 물이 아닌가.

# 멱살잡이 · 2

느닷없이 걸려온 P 형의 전화를 받고 매우 놀랐다. 퇴직한 지 20여 년 세월이 흘러간 뒤 이제야 당시에 있었던 사실을 알려주니 놀라지 않을 수 없다. 인사 비밀을 누설하지 않으려는 직업정신도 대단하지만 바로 알려주지 않아 보은의 기회를 놓친 나 자신은 P 형에게 평생 잊을 수 없는 은혜를 입게 되었다. 지금껏 알지 못하고 살아온 세월이 야속하게 느껴지고 사람의 도리를 다하지 못한 죄스러운 마음을 지울 수 없다. 남에게 은혜를 베풀 때는 잊어버리라는 말도 있지만, 수혜자가 모른 척하면 섭섭할뿐더러 은근히 대가를 기대하는 것도 사람의 마음이다. 나 같으면 입이 근질근질해서 참지를 못하고 누구에겐가 도설하고 말았을 숨겨진 비밀 얘기다. 커피 한잔으로 때울 수 있는 선심 정도가 아니고 그야말로 KT 조직에서 승진의 길이 열리느냐, 마느냐 하는 중요한 갈림길에서 결정적인 역할을 한 P 형을 어찌 잊을 수 있겠는가.

P 형이 알려준 나의 장관 표창 일화다. KT 동우회지 2021년도 『향기로운 삶』 봄호에 실린 '멱살잡이 ·1'을 읽고 본인 얘기가 빠졌다면서 그때 있었던 사실을 그대로 알려준 내용이다. 그 당시 표창 담당부장인 P 형과 감독관청 과장 간에 벌어진 표창 담판은 매우 스릴 넘치는 빅딜 장면을 연출하였단다. 그 자리에서 주고받은 대화 내용을 들은 대로 옮겨 적는다.

"이진형, 이 친구 장관 표창은 왜 세 번씩이나 올리는 거요?"

"KT 전화본부에 배정된 연간 표창 대상자 1명에다 이진형은 두 번 탈락했기 때문에 추가하여 2명으로 당해 본부장이 추천하는데, 담당부장인 제가 어떡합니까?

"아무튼, 1명밖에 안 됩니다."

"그럼 앞으로 감독관청에서 비공식으로 추천하는 표창 대상자는 일절 올리지 않을 테니 그리 아십시오. KT에서 공식으로 추천한 표창 대상자를 두 번씩이나 탈락시킨 이유를 모르겠습니다."

"P 부장! 당신도 이진형처럼 협박하는 거요? 좋소! 이번에는 그대로 받아주겠소."

기 싸움에서 P 부장이 이겼다. 감독관청의 비공식추천을 빅딜 조건으로 단호하게 거부한 P 부장의 용기가 나를 살렸다. 갑질에 맞선 합리적인 대응에 그쪽도 어쩔 수 없었으리라. 이 담판 결과 표창점수가 가산되어 승진길이 열리고, 한국의 '나폴리'라고 불리는 미항 여수 전화국장으로 초임 발령을 받아 나의 오랜 직장생활에서 가장 행복한 시간을 맞이하게 되었다. 1963년 광화문전화국 서무과에 최말단인 조건부 행정서기보로 임명된 후 27년 만에 가장 높은 직급에 오른 셈이다. 과연 국장자리는 좋았다. 우선 상사를 매일 대면하지 않으니 눈치 볼 일이 없고, 매월 열리는 지역 기관장 모임에 참석하다 보니 출세한 기분을 조금이나마 맛볼 수 있었다. 거기에 넓은 단독 사무실, 전용 아파트, 전용차, 여비서까지 있으니 부장 시절보다 10가지가 넘는 대우 격상으로 매일 출근 시간이 기다려졌다.

직장생활에서 승진은 가장 큰 기쁨을 안겨준다. 그 자리에 오르기까지 각자 상사에게 인정을 받고 근무평정을 잘 받으려고 각축전이 치열하다. 남다른 업무실적은 기본이고 상사와 동료직원을 잘 만나는 것도 행운이다. 나의 경우도 절대적으로 상사와 동료직원 덕분이다. 현업에서 안일하게 보내던 나를 본사로 이끌어 준 친구 덕분에 승진 기회를 잡았고, P 형처럼 의리와 용기를 가진 동료 덕분에 KT 꽃이라 불리는 전화국장 자리를 여러 곳 옮겨 다녔다. 두메산골에서 태어나 서울에 와서 전화국장까지 올랐으면 출세한 거지 무슨 더 큰 욕심을 부릴 것인가? 같은 학교 동기로 출발해서 본부장, 청장, 시장 자리에까지 오른 친구가 들으면 그것도 자랑이냐고 할지 몰라도 내 재주 내 능력에 전화국장으로 퇴직한 것만으로도 다행으로 생각하며 아무런 후회도 남지 않는다.

P 형, 정말 고맙소. 이제야 P 형의 은공을 확인했으니 이 글 「멱살잡이 · 2」로 나의 솔직한 심정을 밝히고 보은 인사를 대신하고자 합니다. 앞서 봄호에 실린 제 글을 읽고 현명하지 못한 나의 처신을 지적해주는 가까운 친구가 있었소. "왜 참지 못하고 감독관청 실권자에

게 대들어 큰 손해를 보느냐?"고 하더군요. 처세의 달인들이 일러주는 옳은 지적이죠. 조금만 참았더라면 승진을 앞당길 수 있었을 텐데, 지나고 보니 그때 우매한 돌발행동이 몹시 후회됩니다. 지적해 주는 친구도 나와 비슷한 수모를 여러 번 당했지만 참았다네요. 결국, 자기 평정을 잘 유지하지 못하고 울컥하는 감정을 그대로 폭발하면 후회할 일만 남게 된다는 사실을 톡톡히 경험한 셈입니다. 참을 인忍 자는 칼 도자 밑에 마음 심 자가 놓여 있습니다. 가슴에 칼을 얹고 있다는 뜻이니 잘못하면 칼에 찔릴지도 모를 상황인데 누가 건드려도 참아야지요. '한때의 노여움을 참으면 백 일의 근심을 면할 수 있다'는 금언을 늘 마음속에 새기고 살아가야 하겠습니다.

이제는 모두 지나간 일, 후회해도 소용없고, 멱살잡이 L 과장, 폭언을 한 S 주사를 미워한들 오히려 내 마음만 불편하니 그들을 모두 용서하고 잊으려 합니다. 할 수만 있다면 P 형과 함께 관련자 네 사람이 모두 한자리에 모여 마지막 화해의 시간을 가질 수 있다면 저물어 가는 인생길에 아름다운 장면을 연출할 수 있을 것 같네요.

# 그때 그 자리

사십여 년 전 부천우체국 서무과장으로 재직할 때 있었던 황당한 사건이다. 그때 벌어진 자리 소동은 지금 생각해도 얼굴이 달아오른다. 전혀 예상치 못한 해프닝으로 중요한 의전행사儀典行事가 빛이 바래고 말아서다. 작은 실수 하나가 나 자신은 물론 조직 전체에 나쁜 인상을 남기고 관련기관과 마찰을 빚는 후유증까지 남겼다. 그 후 오랫동안 공직생활을 하면서 수많은 의전행사를 주관할 때마다 그날의 해프닝이 머릿속을 맴돌아 쓴웃음을 짓게 한다.

부천시에 서기관급 우체국이 신설되어 예비군중대 발대식 행사를 준비했다. 의전 담당 직책이라 당일 행사가 차질 없이 진행되도록 하나하나 체크했다. 지역 예비군 중대장과 관련 인사들에게 초청장을 발송했다. 단상에는 의자 3개를 놓아 우체국장 양쪽에 1순위 초청대상인 군부대 지휘관과 경찰서장 자리를 마련하고 축사 차례도 진행순서에 넣었다. 이대로 진행되었다면 아무 문제가 없었을 텐데 돌발사태가 발생했다. 소방서장이 느닷없이 정복을 입고 행사장에 들어온 것이다. 나는 그때까지만 해도 경찰서장 정복 입은 모습은 몇 번 보았지만, 소방서장 정복 입은 모습은 한 번도 본 일이 없어서 모자, 계급장, 복장이 비슷하기에 경찰서장으로 착각했다.

당연히 초청대상인 경찰서장이려니 하고 단상으로 안내했다. 사회를 맡아 식을 진행하고 있는데 단하에 앉아 있던 사복을 입은 사람이 다가오더니 어째서 경찰서장 자리에 소방서장이 앉았느냐고 항의하면서 자기가 경찰서장 대리로 온 경무과장이라고 한다. "아차! 실수를 했구나" 순간 머릿속이 쭈뼛해진다. 서장 대리로 왔으면 서장 자리에 앉아야 할 사람인데 그 자리에 소방서장이 앉아 있으니 내려오라고 할 수도 없고 정말 난감한 입장이 되었다. 경무과장은 사복을 입고 와서 확인할 수 없었음에도 자기를 경찰서장으로 대우하지 않았다고 매우 불쾌한 표정을 지으며 그냥 돌아가 버렸다. 사실 의전은 완벽히 준비해도 본전이고 작은 실수라도 하게 되면 망신이라는 말이 실감 난다.

소방서장은 예비군 업무와 무관하므로 초청을 하지 않았음에도 참석한 이유를 나중에 알고 보니 우체국장이 개별적으로 친분이 두터운 그를 전화로 초청을 한 것이다. 그 사실을 국장이 미리 귀띔해 주지 않아 나는 전혀 모르고 있었다. 식이 끝나고 국장에게 사실대로 보고했더니 왜 의자 4개를 준비하지 않았느냐며 오히려 질책을 한다. 억울하지만 참았다. 그날의 해프닝은 그것으로 끝나지 않았다. 예비군 중대 업무를 경찰서와 협의할 때마다 테클을 건다고 중대장이 고충을 토로하면서 경무과장과 화해의 자리를 마련하자고 제안했다. 할 수 없이 중대장과 함께 경무과장을 찾아가서 그날 해프닝의 전말을 설명하고 소주잔을 기울였다. 그 후로 경찰서와 예비군 업무협조는 마찰 없이 순조롭게 이루어졌다.

자리 때문에 어긋나 버린 그날의 발대식 행사는 망신을 자초한 셈이지만, 의전의 까다로움을 톡톡히 경험하는 학습효과는 거두었다. 한편 공식석상의 자리 배치에 사람들은 왜 그토록 민감할까 깊은 상념에 사로잡혔다. 아마도 한국인은 전통 유교관습을 수백 년간 답습하며 살아오는 동안에 실리와 합리적인 기준보다는 자리와 체면을 먼저 앞세우려는 의식구조가 은연중 우리의 정신세계를 지배하고 있기 때문이 아닐까 생각된다. 어느 한국 회사에 취업한 외국인이 단체 회식 자리에 함께하게 되었는데, 사석임에도 정확히 상석에는 사장이 앉고 차례로 임원, 부장, 과장 순으로 앉는 것을 보고 놀랐다고 한다. 격식에 얽매이지 않은 그들의 눈엔 우리의 체면문화가 별스럽게 보였으리라.

이처럼 한국인에게는 어느 조직에서나 자기 자리가 무엇보다도 중요하다. 사장이든 과장이든 현재 그 자리에 있는 사람은 그에 맞는 위상과 품격을 지키려고 애쓴다. 자리가 곧 인격이고 그 사람의 능력이다. 그러니 누군들 자리에 연연하지 않겠는가. 상사의 자리는 항상 선망의 대상이고 언제고 오르고 싶은 자리다. 치열한 경쟁을 뚫고 그 자리를 차지하면 승리의 쾌감을 맛본다. 사십 년 가까운 세월을 평직원에서 계장-과장-부장-국장 자리에까지 한 단계씩 오르면서 자리에 걸맞은 대우를 받았다. 다음 단계인 본부장 자리를 넘봤지만, 현업으로 밀려나 나의 승진 가도는 국장에서 멈추고 말았다. 그 후 여러 현업 자리를 옮겨 다니는 사이에 다른 동기들이나 후배가 본부장, 청장 자리에 오르는 것을 부러운 눈으로 바라볼 수밖에 없었다.

정부조직에는 수백 개의 고위직 자리가 있다. 그 자리마다 앉아야 할 사람이 앉아 있다면 나랏일이 걱정 없이 잘 돌아가겠지만, 부적격자가 앉아 있으면 나랏일이 뒤틀린다. 적재적소適材適所 인사는 마땅히 앉아야 할 사람을 배치하는 것이 아니겠는가. 얼마 전 국회 청문회장에서 어느 후보자를 놓고 야당의원이 부적격자라고 조목조목 지적했지만 임명권자는 고유권한이라며 임명을 강행했다. 그 자리에 꼭 맞는 사람을 찾기란 그리 쉬운 일이 아니다. 그래서 인사권자는 고심에 고심을 거듭한다. 나의 인사권자는 새 보직에 임명할 때마다 나에 대한 평가를 어떻게 생각했을까 지금도 궁금하다. 어느 조직에서나 인사를 잘못하면 내부에서 파열음이 일어나고 조직 전체가 흔들린다. 일반 국민에게까지 커다란 영향을 미친다. 그러므로 인사는 곧 만사다.

정부기관의 수많은 의전행사에 참석할 때나 TV로 시청하면서 그때 그 자리에 어떤 인사가 앉아 있는가, 유심히 살펴본다. 주로 단상에 앉은 인사가 적정 인물인지 왜 그 자리에 앉아야 하는지를 생각해 본다. 광복절 경축행사에 광복회장이 단상에 앉는 것은 당연하지만 예

총회장이 앉았다면 시빗거리가 되지 않겠는가. 의전행사는 한 치의 빈틈도 없이 완벽해야 하지만 때로는 돌발사태가 발생하여 중요한 행사에 흠집을 내는 사례도 가끔 목격된다. 지난번 대통령이 국회연설 후 퇴장하는 길에 일어난 신발 투척사건은 경호의전을 소홀히 한 결과로 볼 수 있다. 부천 발대식 자리 소동을 반면교사로 삼을 일이다.

지난날 직장생활을 하면서 벽돌을 쌓듯 한 계급씩 오를 때마다 그 자리에 주어진 책임을 다하려고 혼신의 노력을 기울였다. 마치 대장간에서 망치로 쇠붙이를 두드리듯 스스로를 담금질했다. 다른 자리로 옮겨가도 그 자리에 꼭 필요한 사람으로 인정받으려고 열정을 쏟아 일을 했다. 이제는 그 모든 책임에서 벗어나 완전한 자유인으로 살다 보니 하루의 일상이 즐겁고 또 다른 세계로 여행을 떠나는 기분이다.

# 사과 한 박스

오랜 직장생활을 하면서 수많은 사람과 상사나 부하직원의 관계로 만났다. 좋은 만남이든 잘못된 만남이든 그들 모두 나와는 깊은 인연의 고리로 연결된 사람들이다. 상사와의 갈등으로 가슴앓이를 한 경우도 있지만, 소속직원에게 잘못한 결과로 지금껏 마음의 짐을 내려놓지 못하고 있는 사례事例가 있어 사죄하는 마음으로 이 글을 쓴다. 그것은 나의 어리석은 실책으로 한 사람의 인생길을 바꾸어 버린 너무나 억울한 실례인데 이제야 그 사실을 털어놓는다. 그녀는 나에 대한 나쁜 감정을 평생 가슴속에 담고 살아왔으리라.

사십 년 전 M우체국 관리과장 시절에 있었던 일이다. 관세청으로부터 직원전입동의요청서를 받았다. 해당 직원은 우체국에서 중요한 업무를 담당하는 엘리트 여직원이다. 당시 우체국 상황은 다른 국가기관에 비하여 취업선호도가 낮아 직원 결원이 생기면 장기간 충원이 되지 않았다. 한 사람이라도 놓칠까 봐 노심초사하는 분위기가 만연했다. 그러니 인사 주무과장으로서 전출동의서에 서명을 할 수가 없었다. 그 직원에게는 못할 노릇이지만 조직의 안정과 질서를 위하여 공公을 우선시해야겠다는 나름의 판단에서다.

그날 저녁 그 여직원이 사과박스를 들고 집으로 찾아왔다. 관세청에 가면 바로 서기에서 주사보 승진이 가능하니 좋은 기회를 살려달라고 애원한다. 이미 부동의不同意 의사를 굳힌 터라 난감한 심정에 가슴이 아려 차마 입을 떼기가 어려웠다. 한참 침묵이 흐른 뒤 동의할 수 없는 사정을 설명했다.

"J 양도 잘 알지만 한번 결원이 생기면 오랜 공백으로 업무가 마비되는 지경이 되잖아요. 인사 책임자로 조직운영을 먼저 생각할 수밖에 없는 나의 입장을 이해하여 주기 바라요. 더욱이 J 양만 특별히 동의해 주면 다른 직원의 잇따른 전출동의를 막을 수 있는 명분이 사라지니 그 상황을 우려하지 않을 수 없어요."

실망이 가득한 표정으로 대문을 열고 나가는 J 양의 축 처진 뒷모습이 지금도 잊히지 않고 있다. 전도유망前途有望한 공직자의 앞길을 가로막은 셈이니 나의 처신이 과연 잘한 일인지 지금껏 두고두고 가슴에 응어리로 남아 있다. J 양의 자리가 공석이 되더라도 우체국업무가 중단될 것도 아닌데 너무 편협한 결정을 내린 것 같아 고뇌하는 시간이 길어졌다. 공직은 떠나면 그만이지만 인간관계는 살아가는 동안 단절되지 않는다. 인간관계가 무엇보다 중요하다는 사실을 간과하고 처세에 미숙한 오점을 남기고 만 것이다. 아내는 나의 냉정한 거절의사를 몹시 힐책하면서 사과박스를 당장 돌려보내라고 했지만, J 양의 마음에 상처를 더 줄 것 같아 돌려주지는 않았다. 지금의 김영란법에는 해당되는지 모르겠으나 현금이라면 돌려주었겠지.

"그때는 왜 그랬을까?" 아마도 젊은 사무관으로 세상을 보는 안목이 좁았으며 알량한 공직자의 신념으로 조직목표에 충실하려는 마음이 앞섰던 것 같다. 한 직장에서 J 양과 마주칠 때마다 얼굴을 똑바로 쳐다볼 수 없었으며 사과박스 대가를 무엇으로든지 갚아주려고 하였으나 M 우체국을 떠날 때까지 아무런 도움도 주지 못했다. 그 후 서로 직장을 달리하면서 J 양에 대한 소식을 듣지 못하고 수십 년 세월이 흘러가는 사이에 점차 그녀의 기억은 잊혀 갔다.

인간이 살아가는 세상은 참으로 신묘神妙하다. J 양을 다시 만났다. 정년퇴임 후 일산에 살면서 어느 날 가까운 S 우체국에 들렀더니 J 양이 국장으로 앉아 있지 않는가. 작은 주사급主事級 우체국이지만 책상 위 국장명패에 J 양 이름이 또렷하다. 너무 당황스러워 인사를 할까 말까 망설이는데 그녀가 나에게 눈길을 주지 않는다. 그때의 일로 아직도 마음속에 앙금이 남아 있는지 아는 척하고 싶지 않다는 눈치가 보였다. 할 수 없이 그냥 돌아섰다. "야! 이 나쁜 놈! 남의 인생을 망쳐놓고 이제 나타났어!" 하는 절규의 목소리가 등 뒤에 쏟아져 내리는 것 같았다. 오랜 세월이 흐른 뒤 우연한 만남이지만 반가운 해후邂逅가 되지 못하고 그녀에게 옹골차게 외면당하고 말았다.

집에 오는 길로 그녀의 입장에서 곰곰이 생각해 보았다. 나에 대한 미움이 얼마나 가슴속에 남아 있었으면 인사조차 나누고 싶지 않았을까. 그때 나만 동의했더라면 관세청에서 사무관 이상 승진할 수도 있었을 텐데, 그녀에게 평생 가슴속에 원한을 안긴 채 지금껏 잊고 살았으니 이 악연을 어떻게 풀어야 한단 말인가. 차라리 나의 멱살을 잡고 뺨이라도 한 대 때리면서 한 맺힌 울분을 털어놓는다면 모두 들어주고 싶은 심정이다. 그렇게 해서라도 해원解冤할 수 있다면 순간의 망신쯤이야 대수겠는가.

결자해지結者解之라 했으니 내가 먼저 그녀를 찾아가 사과의 자리를 마련하려고 조심스럽게 전화를 했다. 차분한 목소리로 사양의사를 밝힌다. 이제는 다 지나간 일이니 괜찮다고 하면서도 사과의 자리가 달갑지 않다는 뉘앙스를 풍긴다. 야속하다는 생각이 들었지만 나와 다시 대면하고 싶지 않은 그녀의 심정을 헤아릴 수밖에 없었다. 한 번의 그릇된 결정이 이토록 오랫동안 마음속에 부담으로 남아 있으니 이제 와서 후회한들 무슨 소용이 있겠는가. 조직운영에 지장이 있더라도 부하 직원의 진로를 열어주는 일이 상급자의 도리라는 교훈을 뒤늦게 깨달았지만, 이제는 돌이킬 수 없는 일이 되고 말았다.

오랜 직장생활을 하는 동안 나 자신이 인사의 대상이면서 인사권을 행사하는 위치에도 있었다. 인사는 사람의 능력이나 신분에 관한 일이라 매우 민감하고 어려운 일이지만 어느 쪽이든 결정을 내려야 하는 절박한 시기에 이르면 인사권자의 책임을 회피할 수도 없다. 그때마다 촉각을 곤두세우고 상사나 부하 직원의 눈치를 살피지 않을 수 없으니 얼마나 피곤한 일인가. 인사는 만사萬事다. 인사를 잘하면 부귀영달이 따르고 잘못하면 망사亡事가 되어 평생의 한으로 남는다.

이번 설날에는 그녀에게 사과 한 박스를 들고 찾아가 봐야 되겠다. 나를 보는 순간 반갑지 않은 표정에 어색한 침묵이 흐르고 사십 년 만에 되돌아온 사과박스를 보면서 그녀는 쓴웃음을 짓지 않을까 두려운 생각이 든다. 이 글도 함께 넣어 나의 잘못된 결정을 사과하고 위로의 뜻을 전하고 싶은 마음이 불현듯 솟구친다. 이제 이 세상에서 살아갈 날도 그리 많지 않으니 그녀와의 앙금을 모두 털어버리고 떠나야 되지 않겠는가.

# 3C 친구

오늘날 지구촌 사람들은 3C 시대에 살고 있다. 한국은 3C 문명의 선진국이다. 커피Coffee를 마시고 자동차Car를 타고 컴퓨터Computer 마우스를 잡는 일이 하루의 일상이다. 생명체가 아닌 이 세 친구를 어느 하루라도 만나지 않는 날이 없다. 불과 70여 년 전만 해도 이 세 친구는 우리들의 일상생활 주변에 가까이 있지 않았다. 커피도 마실 줄 몰랐고 자가용 승용차는 희망사항이었으며 컴퓨터는 아예 보급되지도 않았다. 그 시절과 비교하면 현재 우리가 누리고 있는 이 찬란한 물질문명은 가히 3C 혁명시대라 일컬을 만하지 않은가.

한국의 커피문화는 한국전쟁이 끝나고, 6, 70년대 다방 영업이 크게 번창하면서부터다. 다방에서 커피를 마시며 음악도 듣고, 연인과 데이트도 하고, 맞선도 보고, 문인들이 시낭송회도 열었다. 삶의 여유와 낭만이 흐르는 다목적 문화공간으로 애용되던 시절이다. DJ가 있는 음악다방은 젊은이들이 클래식과 팝송을 즐기는 장소였다. 그 시절 다방 풍속도는 지금의 셀프서비스로 운영되는 커피전문점처럼 삭막하지 않았다. 다방 마담이나 레지와 스스럼없이 걸쭉한 대화를 나누며 온갖 세상 이야기로 한바탕 입방아를 찧고 나면 어느새 커피잔 바닥이 보인다. 추가로 더 시켜야 레지가 일어서지 않는다.

어떤 손님은 레지 손을 잡고 은근슬쩍 수작을 걸어보지만 수많은 손님을 상대하면서 산전수전 다 겪은 레지는 '네 속이 빤히 보인다.'는 표정으로 그만 다른 손님 자리로 옮겨 앉는다. 때로는 그 다방 레지 모두가 몰려와서 매상고를 올리려고 비싼 쌍화차로 바가지를 씌우니 손님은 그냥 당할 수밖에 없다. 입담으로 손님을 즐겁게 해준 대가이다. 다방이 어떤 곳인지는 최백호의 「낭만에 대하여」 노래가사처럼 '새빨간 립스틱에 나름대로 멋을 부린 마담'과 도라지 위스키를 마시는 장면을 연상하면 옛날식 다방풍경을 떠 올릴 수 있다. 흘러나오는 음악은 60년대 유행한 펄시스터즈의 「커피 한잔」이다.

요즈음 커피는 어느 때나 어디에서나 마셔댄다. 집에서, 직장에서, 식당에서, 길거리에서, 비행기에서도 마시고 싶은 대로 마신다. 커피전문점이 우후죽순처럼 생겨나고 커피 종류도 다양하며 커피마니아들이 큰 컵을 들고 거리를 활보한다. 나 자신도 어느덧 커피 맛에 길들여져 식사 후 숭늉 대신 먼저 찾게 된다. 어느 전직 총리 부인이 국립현충원에 묻힌 부군의 묘소를 찾을 때마다 생전에 즐겨 찾던 커피 한 잔을 꼭꼭 묘비 앞에 놓는다는 신문기사를 읽은 적이 있다. 이제는 커피가 좌포우혜左脯右醯 조율이시棗栗梨柿 다음으로 제사상에 오를 날이 올지도 모르겠다. 조상이 즐기던 식품이니 탓해서 무엇하랴.

내가 자동차를 보고 부러워한 것은 유소년 시절에 우리 군郡에 하나밖에 없는 경찰서장 지프였다. 고향 마을에서 가장 높은 고구령 고개를 뽀얀 먼지를 날리며 빠르게 달리는 검은색 사각 자동차를 고개 넘어 사라질 때까지 바라보곤 했다. 나는 언제 저런 차를 타고 한번 으스대 볼까 소원했는데 지금은 그 지프보다 훨씬 더 좋은 차를 소유하고 전국을 누비며 다닌다. 벌써 30년째 핸들을 잡고 전국 유명관광지를 찾아다녔고 대관령을 수십 번 넘나들면서 동해안 나들이를 즐겼다. 예쁜 낭자와 함께 개성과 금강산 드라이브 관광도 다녀왔다. 차보다 보행이 건강에 좋다고 권고하지만 이미 커피 맛에 중독된 것처럼 자동차 없이는 일상생활을 영위營爲하기가 불편하고 가고 싶은 곳에 선뜻 나서기가 쉽지 않다.

지금은 자동차 홍수시대이다. 한국은 세계 7위 자동차 생산국이며 세계 6위 수출국으로 막대한 외화를 벌어들인다. 등록대수는 2,300만 대가 넘어 세계 15위이며 1가구 1차 소유로 이제는 사치품이 아니라 보통사람들이 갖는 생활필수품이 되었다. 이처럼 양적인 면에서는 생산, 수출, 보유대수가 모두 선진국 수준이나 자동차문화는 아직 선진국과 비교할 수 없는 부끄러운 수준이다. 난폭운전, 음주운전, 신호위반, 끼어들기 등 교통 무질서 행위가 만연하다. 교통사고 사망률은 OECD 회원국 중 최상위를 벗어나지 못하고 있어 사회적 갈등과 경제적 손실이 이루 말할 수 없다. 환경문제, 주차문제, 교통체증문제도 심각하다. 근원적인 대책으로 미래 자동차 산업을 선도하기 위한 전기자동차가 이미 보급되고 있고 수소자동차도 개발 중에 있어 획기적인 시장변화가 예상된다.

컴퓨터란 첨단기기를 처음 대한 것은 현직 간부로 있을 때다. 업무처리 때문에 필수적으로 익혀야 하고 승진에도 영향을 미치니 할 수 없이 늦은 나이에 배우기 시작했다. 컴맹소리를 듣지 않으려고 컴퓨터 원리를 공부하고, 당시 시험적으로 운용하던 인터넷에 익숙하려고 컴퓨터학원에 다니며 연습을 했다. 지구 반대쪽 네티즌과 정보를 주고받으니 얼마나 신기하고 놀라운지 점점 인터넷 매력에 빠져들었고, 해외여행에서 만난 젊은 여성들과 수백 통의 메일을 주고받으며 키보드 속도를 조금씩 높여 나갔다. 세 사람의 여성들과 메일을 주고받다가 그중 한 중년 여성에게 프러포즈를 했으나 거절당했다. 몇 년의 세월이 흐른 뒤 나의 연서戀書에 가까운 메일을 모두 버리지 않고 갖고 있다며 허락의 뜻을 알려 왔으나 그때는 이미 재혼한 시기라 그녀와의 인연은 더 이상 이어질 수 없었다.

아침에 일어나면 습관적으로 컴퓨터 앞에 앉는다. 온갖 빠른 정보를 선택해서 볼 수 있고 TV 뉴스보다 더 디테일하다. 받은 메일을 열어보고 보내야 할 메일은 클릭한다. 한가한 시간이면 영상음악도 감상하고, 고스톱게임도 즐기고, 궁금한 사항은 주소창을 열어 무엇이든 찾아볼 수 있다. 온 세상정보를 실시간으로 확인할 수 있으니 세상에 이처럼 편리한 장치가 어디에 있단 말인가. 도깨비방망이보다 훨씬 빠르고 편리한 문명의 이기가 바로 나의 책상 위에 놓여 있으니 이제는 컴퓨터가 아내 다음으로 자주 만나는 가장 가까운 친구가 되었다. 아내는 자기와 놀아주지 않고 컴퓨터에만 붙어 있다고 질시嫉視한다.

한국은 IT 강국답게 인터넷 속도와 보급률이 세계 1위다. 컴퓨터 보급률도 상위수준으로 국가기관 행정업무는 물론 교통, 의료, 금융, 시장거래 등 사회생활의 거의 모든 분야에서 컴퓨터가 인간의 지능을 대신하여 신속히 업무를 처리한다. 어느 사이 바둑대결에서 인공지능 '알파고'는 인간 이세돌을 이겨버렸으니 컴퓨터 혁명이 우리가 경험하지 못한 새로운 세상을 열어가고 있다.

이처럼 신기한 만능 컴퓨터도 악성 바이러스나 해킹 공격에는 기능이 마비되는 약점을 갖고 있다. 2011년 4월에 농협 전산망이 갑자기 먹통이 되어 서비스가 중단되는 사고도 있었고, 우리집 컴퓨터도 바이러스 공격으로 책을 내려고 저장해둔 일부 원고가 지워져 버려 다시 쓰느라 진땀을 흘렸다. 컴퓨터 범죄가 끊이지 않고 뉴스에 오르내리니 자기 도끼에 발등 찍힌 꼴이다. 만약 어느 날 갑자기 전 세계 컴퓨터가 파괴된다면 세상은 암흑천지가 되고 19세기 산업사회로 되돌아가는 급변사태를 맞게 될 것 아닌가. 생각만 해도 끔찍하다.

3C 시대를 살아가는 현대인은 점점 물질문명에 도취되어 가고 있다. 한국은 커피 수입국 상위국이며 대량 소비국이다. 어느 종류의 커피를 어떻게 마셔야 제맛을 알 수 있다며 전문가 수준이 되어 맛 따라 커피전문점을 찾아다닌다. 새로 출시한 차종에 마음을 빼앗겨 멀쩡한 차를 바꾸어 버리기도 하고 고급 승용차로 신분을 과시하려는 졸부도 있다. 비싼 외제차도 길거리에서 자주 눈에 뜨이는 것을 보면 자동차 선택이 실리보다 취미생활에 가까워지고 있다. 만사를 컴퓨터 기능에 의지하고 컴퓨터가 시키는 대로 따라 한다. 심지어 프로그램을 조작하여 진실을 가리고 허위정보를 전산망에 올려 여론을 오도하기도 한다.

이처럼 3C의 빛과 그림자를 헤아리지 못하고 3C에 지배당하는 지금의 물질 만능 시대는 명암이 엇갈리는 혼돈사회다. 맹목적으로 추종하는 그릇된 유행을 바로 고쳐야 함에도 합리적이고 이성적인 판단을 내릴 겨를도 없이 정신줄을 놓고 허둥대는 우리들의 부끄러운 자화상이다. 앞으로는 자전거의 두 바퀴가 굴러가듯 앞서가는 물질문명과 뒤따르는 정신문화가 함께 발전하는 3C 시대 세상이 열리기를 학수고대鶴首苦待해 본다. 그런 세상이 올 때까지 살아 있었으면 좋으련만 거울에 비친 얼굴에는 주름살만 가득하네.

# 원효로 추억

국립체신대학을 졸업한 지 58년의 세월이 흘렀다. 어느 사이 반세기를 훌쩍 넘겨 인생의 저녁노을을 바라보는 나이에 이르렀으니 어찌 지난날의 추억이 그리움으로 다가오지 않겠는가. 정들었던 캠퍼스와 절친했던 학우들의 이름을 떠올리며 원효로 대학시절을 회상해 본다. 이 대학에 입학하면서 나의 인생길은 체신인으로 사회생활을 시작하는 계기가 되었고, 결국 이 분야에서 오랜 직장생활을 마감하였다. 다른 분야에는 조금도 기웃거리지 않고 오직 체신인으로 한평생을 살아왔다. 어디에서든 체신이란 어휘의 말만 들어도 귀가 쫑긋해지고 글자만 보아도 눈동자가 커진다.

당시 체신대학은 원효로 3가에 있었다. 가수 은방울의 대표곡 '마포종점' 인근이다. 효자동 출발점에서 마포종점까지 땡땡거리며 굴러가는 전차를 타고 남영동 굴다리를 지나 종점에 내리면 한강 건너 영등포가 보였다. 2년간의 캠퍼스 생활은 꿈의 나래를 펴는 행복한 시간으로 흘러갔다. 재학생 대부분이 가난한 시골 출신으로 국비와 취업이 보장된다는 특전에 끌려 입학한 영재들이다. 나 역시 가난한 집안 사정으로 대학진학을 포기하고 있다가 취업부터 해야겠다는 결심으로 선택한 학교이다. 체신대학은 나의 36년 직장생활의 산실이며 마음의 둥지다.

통신행정과 65명 동기생 중 절반 정도는 유관기관인 체신부와 KT에 재직했고 그 외 절반은 다른 정부기관이나 사회 여러 분야에서 크게 두각을 나타낸 인재가 많았다. 그중 반장 출신이며 수석 입학한 Y는 정부 고위직과 대학 총장을 거치며 전체 천여 명 졸업생 중 군계일학群鷄一鶴으로 이름이 널리 알려졌다. 그 친구와 나는 광화문전화국에 5급 을류 행정서기보로 첫 발령을 받았는데 지금의 9급직에 해당하는 최말단 직급이다. 맡겨진 임무는 공중전화 동전수거작업으로 땀 흘리는 중노동이었다. 도로변에 설치된 공중전화통에서 긁어모은 무거운 동전꾸러미를 일일이 계산하여 전화국 수납창구에 인계하는 일이다. 당시 일반 가정집에는 전화가 거의 보급되지 않아 공중전화가 가장 많이 이용되는 대중 통신수단이므로 연인끼리 밀어시간이 길어지면 동전 숫자도 같이 늘어나는 시대였다.

첫 직장에 크게 실망한 친구는 이를 악물고 행정고시에 도전하여 3수만에 합격의 영광을 안았다. 20대에 행정사무관으로 서울시에 발령을 받아 갑자기 나보다 네 계급이나 앞서 달려가니 똑같이 출발한

인.생길이지만 그를 따라잡을 수가 없었다. 훗날 도백, 한성판윤, 도승지 자리에까지 올랐고 판서자리와 일인지하一人之下 만인지상萬人之上 자리도 사양하였으니 출세가도의 최정점까지 오른 성공신화의 주인공이다. '개천에서 용났다'고 할 만큼 강한 도전정신과 열정으로 쌓아올린 금자탑이다. 인생역정을 마라톤에 비유하면 일등으로 골인한 그를 전 동문들이 경외의 눈으로 바라본다.

그 친구는 나의 결혼식 사진에 주인공인 신랑보다 키도 더 크고 미남형으로 서 있으니 나를 더 작아지게 만들었다. 지금도 내가 쓴 글에 대하여 정곡을 찌르는 혹평으로 과외교사 노릇을 톡톡히 하고 있다. 나의 첫 수필집 『아름다운 도전』 책머리에 '액티브 시니어 찬사'라는 축하의 글을 실어주었고, 수십 권의 책값을 대납하고 동기생들에게 책을 나누어 주니 고마운 마음 이를 데 없다. 늦은 나이에 세 권의 수필집을 내고 글쓰기를 계속하는 것도 그 친구의 간곡한 권유가 큰 힘이 되었다.

나도 친구처럼 4년제 대학에 편입하고 행정고시에 도전하고 싶었으나 우선 실력에 자신이 없었고 당시 상황도 여의치 않았다. 청운동 고모집에서 숙식을 해결하며 직장에서 퇴근 후 중학생들을 가르치는 가정교사 노릇을 하고 있었기 때문에 어려운 고시의 길을 포기할 수밖에 없었다. 같이 졸업한 동기생 중에는 네 명이나 행정고시에 합격하여 그들이 무척 부러웠다. 고위공직자로 출세가도를 저만치 앞서가고 있었기에 나는 동창회 모임에 가면 말단 계급이 부끄러워 한쪽 구석자리에서 불고기판만 뒤적거렸다. 하지만 송무백열松茂柏悅, 즉 소나무가 무성한 것을 보고 잣나무가 기뻐한다는 고사성어를 떠올리며 그들의 출세가 나에게는 큰 느티나무의 그늘처럼 여겨졌다.

재학시절 두 분 교수님이 기억에 남아 있다. 국문학을 가르치던 이하윤異河潤 교수로 명시 「향수」의 작가 정지용과 시문학 활동을 함께 했으며 당시 서울대학교사범대학에서 출강하셨다. 좋아하는 과목이라 특별히 따랐고 나의 결혼식에 주례를 서신 후 형님과 술친구가 되셨다. 한 분은 노산 이은상李殷相 시조시인으로 특강시간에 '충무공 이순신의 구국정신'을 감명 깊게 들었으며, 중고등학교에서 애창곡으로 부르던 「가고파」 작사가를 직접 대면하니 감개무량感慨無量하였다. 유달리 귀가 큰 용모가 매우 인상 깊었고 마산 앞바다가 그리워 국민가곡을 탄생시킨 그의 시심詩心에 외경畏敬의 마음으로 경청하였다.

2년 단기간에 전문 통신과목 외에도 일반대학에서 가르치는 인문과목을 모두 이수해야하므로 공부하는 분량이 많아 힘들고 어려웠다. 통신과목은 흥미가 없어 건성으로 때우고 주로 인문학 과목에 관심을 기울여 공부했는데 그때 배운 행정법, 행정학은 훗날 사무관 시험과목으로 합격할 수 있는 기초가 되었다. 인문학 과목은 서울대학교 교수분들이 여럿 출강하면서 고교시절에 이름만 듣던 유명하신 분들의 강의를 직접 받고 보니 학문의 최고 전당인 대학에서 공부하는 보람과 자긍심을 가질 수 있었다.

체신대학은 5.16 혁명정부가 들어서면서 폐교조치가 내려지는 바람에 통신행정과 7기는 마지막 졸업기수가 되어 후배가 없는 아쉬움을 남기게 되었다. 수백 명 선배 졸업생들은 한국전쟁으로 완전히 파괴된 통신시설을 재건하는 데 크게 기여한 공로자들이다. 전화 한 대 값이 집 한 채 값과 맞먹던 시절에서 지금의 무제한 판매시대를 맞이한 것은 이들 통신역군들의 땀으로 일궈낸 결실이다. 훌륭한 선배님들이 쌓은 업적을 기반으로 평생을 통신직업에 종사한 나의 직장시절은 보람차고 즐겁고 행복한 추억을 남겼다. 나의 신체조건이나 능력으로 봤을 때, 만약 인기부서나 보수만을 좇아 다른 분야로 눈독을 들였다면 아마 정년 전에 직장을 떠나는 퇴직자의 신세가 되었을지도 모를 일이다.

지난해 『국립체신대학사』가 책으로 발행되어 전 동문들과 전국 대학교, 국립중앙도서관 등 유관기관, 관련인사들에게 배부되었다. 출판기념회에 참석하여 책을 받고 보니 한없이 기쁘고 자랑스러웠다. 이 책을 펴내기까지 2년간 자료를 수집하고, 원고를 쓰고, 편집하느라 고생하신 동문 편집진들의 노고에 감사의 인사를 드린다. 동문들의 꿈, 열정, 추억, 낭만이 고스란히 실린 이 책은 마이크로필름에 저장되어 영구히 보존된다고 한다. 또한 체신대학의 맥을 잇기 위하여 동문 소식지 『원효로』가 10년 넘게 발간되고 있으며, KT출신 원효로 친목모임인 원친회元親會에서 정기적으로 반가운 얼굴들을 만난다. 전체 1200여 명 졸업생중 이미 타계한 분들도 많으려니와 생존자들도 모두 산수傘壽, 졸수卒壽, 미수米壽를 넘긴 노경의 동문들뿐이다.

원효로 체신대학은 나에게 아름다운 추억으로 남아 있다. 이 땅도 팔렸다니 머지않아 옛 추억의 흔적마저 사라지고 캠퍼스 동편 언덕의 울창한 아카시아 대신 아파트 숲이 들어서게 될 것이다. 재학시절 공부 잘하는 친구들과 한평생 우정을 나누며 살아온 세월이 나에게는 보람차고 행복한 시간이었다. 추억을 공유하는 친구들이 있다는 것도 얼마나 행복한 일인가. 아련히 떠오르는 추억 따라 서울역사박물관에 전시된 전차를 타보고 그 시절을 다시 한번 회상해 보는 시간에 잠기니 지금도 땡땡거리는 전차소리가 정겹게 들려올 것만 같아 마음이 설렌다.

# 네 친구의 합창

오월 하순에 접어드니 세상은 온통 푸른색으로 뒤덮인다. 이달을 누가 계절의 여왕이라고 이름을 붙였는지 그럴듯하다. 거리에 나서면 푸른 제복으로 갈아입은 가로수의 행렬이 축제장의 기마 병정처럼 질서정연하게 두 줄로 서 있다. 벚꽃나무, 느티나무, 은행나무, 플라타너스 등 여러 종류의 가로수들이 조금씩 시차를 두고 꽃을 피우고 푸르게 변하는 모습이 놀랍고 신기하다. 그 추운 겨울에 빗자루를 거꾸로 세워 놓은 것 같던 앙상한 나무들이 불과 반년 사이에 이렇게 멋진 모습으로 다시 태어날 줄이야. 계절의 순환법칙은 인간에게 삶의 의욕을 북돋우는 위대한 스승이다.

이 좋은 계절에 친구가 만나자고 전화가 걸려왔다. 얼마나 반가운지 콧노래가 나온다. 이때 흔히 쓰는 '유붕자원방래有朋自遠方來 불역낙호不亦樂乎'라는 공자의 명구가 떠오른다. 친구가 재직하는 B대학교 교수실에서 네 사람의 동기생 친구가 만났다. 모두 머리에 하얀 서리가 내렸다. 한 친구가 이은상의 「가고파」 가사를 나누어준다. 국민 가곡으로 불리는 이 명시가 10연까지 있는 줄 처음 알았다. 보통 4연까지 테너 가수들이 멋지게 부르는 노래를 수없이 들으며 향수에 젖어본 경험이 어찌 나쁜이겠는가. 대학시절 그분의 특강을 직접 들으며 귀가 유달리 크다는 인상을 받은 기억이 잊히지 않는다. 종친인 원로 수필가 L 교수로부터 노산 선생의 임종을 지킨 일화를 들은 적이 있다. 「가고파」 가사를 보니 필자 본관인 경주이씨 시조 알평謁平 어른의 경모비문에 적힌 노산의 시구절이 생각난다.

명활산 금오산 선도산이 에워 둘렀고
문천이 알천이 형산강으로 흘러드는 곳
신라의 옛 서울 알평 어른 내리신 자취
이천 년 묵은 역사 흐린 듯 또렸도 하다.
옛 조상 축복받아 자손과 겨레 영광 있으리.

거제도 출신인 친구가 「가고파」 가사를 미리 준비해 온 마음도 나의 마음과 다르지 않다. 고향을 그리워하며 옛날로 돌아가고 싶은 마음을 친구들에게 털어놓고 싶었으리라. 또 그는 50여 년 전에 어느 소녀 시인이 건네준 시집을 고이 간직하고 있다가 기어이 그녀를 찾아가 만났더니 80세 할머니 모습에 놀랐다고 한다. 소녀 시인으로 만나고 싶은 그이 꿈을 흘러간 세월이 앗아 가버린 것이리라. 잊을 수 없는 사람을 찾아보는 TV 방송 프로그램 「사랑을 싣고」와 흡사하다. 그 나이에 지금도 시집을 내고 있다며 신간 한 권을 건네준다.

우리는 한식당으로 자리를 옮겨 막걸리를 기울이며 회포를 풀었다. '울돌목'이란 식당 이름에 걸맞게 방 이름도 명량, 한산이고 '한산도가'를 멋지게 쓴 글씨 액자를 걸어놓았다. 식당 주인은 충무공 이순신을 무척이나 흠모하는 위인인가 보다. 교수 친구는 만날 때마다 참신한 지식과 삶의 지혜를 일러주니 고맙기 이를 데 없다. 그날도 귀동냥으로 들은 색다른 지식이 기억에 남는다. 인간은 지능지수(IQ)보다 감성지수(EQ), 사회성지수(SQ)가 앞선 사람이 성공 확률도 높다고 한다. 지식보다 인간관계의 중요성을 강조하는 의미다. 교육도 지식주입보다 창의성을 이끌어 내는 과정이 되어야 한다고 한다. 또 수필을 쓸 때도 어느 정도의 픽션은 무방하다는 주장이다. 아마 사실 기록에 충실한 나의 어설픈 신변잡문이 본격 수필에 미치지 못함을 일러 주는 것이리라.

교수 친구의 안내로 대학 캠퍼스와 인접한 공원을 산책했다. 공원이라기보다 야트막한 야산이다. 우거진 산림 사이로 산책로와 쉼터를 잘도 만들어 놓았다. 서울에 오래 살아도 처음 와보는 멋진 장소다. 그날따라 부슬부슬 비가 내린다. 비 내리는 숲길을 네 친구가 우산을 받쳐 들고 즐거운 담소를 나누며 천천히 걸었다. 원효로 학창시절 추억과 세상 살아가는 이야기가 화젯거리다. 산 정상에 오르니 강남 땅이 한눈에 보인다. 원두막처럼 만들어 놓은 정자에 앉아 쉬면서 서울 구경을 공짜로 하는 것 같아 마냥 유쾌하고 즐거웠다.

즐거운 분위에 한 친구가 이 자리에서 노래를 부르자고 한다. 나는 순간 채은옥의 「빗물」, 이은하의 「봄비」가 생각났다. 봄비 내리는 그날 분위기에 어울리는 노래라서 나를 지목하면 한번 불러보려고 속으로 가사를 더듬어 보았지만 몇 소절 가사가 기억나지 않는다. 그때 마침 노래를 잘 부르는 친구가 박목월 「이별의 노래」를 부르기 시작했다. 익숙히 불러본 노래라 네 친구가 약속이나 한 것처럼 합창을 했다. 산 정상에서 부르는 네 사람의 코러스는 강남땅에 울려 퍼졌다. 그것도 산수의 나이에 이른 할아버지들 합창이니 누가 보면 비웃음을 살지도 모를 광경이 삽시간에 벌어졌다.

하지만 우리 네 친구는 즐거웠다. 가슴속에 쌓인 찌꺼기를 노랫소리에 묻혀 날려버리는 기분이다. 또 노래 가사가 가슴을 적신다. 작사자가 실제로 사랑하는 여인을 떠나보내며 지은 사연을 연상하기 때문이다. 이 세상 사람 누군들 이별에 얽힌 사연이 없겠는가. 모든 만남의 뒤에는 이별이 따르기 마련이다. 부모 자녀 친구 연인과의 이별은 슬프고 애틋하고 가슴 저린 흔적을 남긴다. "너도 가고 나도 가야지" 하는 노래 가사는 모든 사람이 끝내 토로하는 한숨 소리다. 우리 또한 이별을 앞두고 있다. 종착역이 점점 가까워지는 네 친구의 이별 노래는 바로 자신의 심정을 실토하는 탄식임을 더 말해 무엇하랴.

싱그러운 오월 봄비 내리는 날, 네 친구의 만남은 그지없이 반갑고 즐거운 추억을 가슴에 남겼다. 앞으로 몇 번의 오월을 더 맞게 될는지, 정다운 친구들과는 얼마나 더 즐거운 시간을 가질 수 있을는지 안타까운 마음에 가슴이 저려온다. 덧없는 세월은 기다려주지 않고 앵둣빛 오월은 또 이렇게 지나간다. 이제는 자신의 평생 그려온 인생 그림을 화룡점정畵龍點睛으로 멋지게 장식해야 되지 않겠는가.

# 2

# 격정의 시간

# 사랑이 뭐길래

중학교 다닐 때 현진건의 『무영탑無影塔』을 읽었다. 반전을 거듭하는 소설 줄거리에 심취했고 이루지 못한 애달픈 사랑에 가슴 저리는 느낌도 경험했다. 소설가를 동경하며 사춘기 소년들이 꿈꾸는 상상의 나래를 한껏 펼쳐보기도 했다. 이른 나이에 성인소설을 즐겨 읽고 느낀 감동이 평생 가슴 한구석에 남아 만년에 이르러 이 글을 쓰는 동기가 되지 않았나 생각하니 그 시절 감동이 아련한 추억으로 되살아난다.

소설 주인공이 살았던 부여여행에서 다시 한번 '아사달'과 '아사녀'의 사랑이야기를 반추해 보았다. 부여 석공인 아사달이 스승의 딸인 아사녀와 결혼한 지 일 년 만에 명공名工으로 뽑혀 경주에 와서 다보탑과 석가탑을 건조한다. 고향에 두고 온 아내를 그리워하며 정해진 사월 초파일까지 완공을 보려고 탑 건조에 온 정성을 쏟다가 그만 쓰러지고 만다. 이때 아사달을 연모하는 신라 귀족의 딸 '주만'이 구원으로 다시 용기를 내어 침식을 잊은 채 꼬박 사흘 동안 돌을 쪼아 간신히 공사를 마쳤다. 불국사에 행차한 경덕왕은 정교한 다보탑을 극찬하며 탑을 쌓은 사람이 부여에서 온 20대 석공임을 알고 더욱 놀란다. 한편 아사녀는 남편이 있는 서라벌로 떠나 불국사에 당도하였으나 일체 면회가 되지 않고 문지기가 석가탑이 다 되면 영지影池에 비칠 것이라고 거짓말을 했다. 영지 근처에서 몇 날 밤을 애타게 기다렸으나 탑이 그림자가 비칠 리가 없고 결국 『그림자 없는 탑』으로 소설 제목이 되고 말았다.

비치지 않는 석가탑의 그림자를 기다리다 지친 아사녀는 연적으로부터 아사달이 신라 귀족의 딸과 결혼할 것이라는 말을 엿듣다 사실로 알고 영지에 뛰어들어 자살한다. 연적인 주만도 정혼한 남자를 버리고 영지에서 아사달과 만나 부여로 도망치려 하였으나 아버지가 보낸 군졸들에 붙들려 숨을 거둔다. 이처럼 불국사의 상징인 두 탑의 건립에는 석공 아사달을 사랑했던 부여와 서라벌의 두 여인의 눈물겨운 사연이 깃들어 있다. 아사달은 두 여인 모두가 하나가 되는 환영을 돌 위에 새겼는데 그것은 거룩한 부처님의 얼굴과 같았다고 한다. 이 사연을 노래로 만들어 이인권이 부른 『무영탑 사랑』을 소설 스토리와 가사를 함께 음미하며 노래방에 가면 감정을 잡고 불러본다.

부여실 오백 리실 님 두고 가는 길에
서라벌에 맺은 사랑 영지에 띄우면은
달빛도 별빛도 울어주던 그날 밤
나는 가네 나는 가네 임 없는 부여 땅에

부여 떠나올 때 옷깃을 부여잡고
무영탑에 엮는 사랑 천만 년 이어 주오
청사 실 홍사 실 걸어놓고 빌던 밤
나는 가네 나는 가네 임 없는 부여 땅에

무영탑 소설을 읽고 경주 불국사를 꼭 가보고 싶었으나 중학교 졸업기념 경주 수학여행 때 여행비를 낼 돈이 없어 가지 못했다. 무영탑 스토리를 친구들에게 자랑삼아 들려주고 싶었지만 그만 기회를 놓쳤으니 가난한 집안 사정이 몹시도 부끄러웠다. 남녀 혼합반이라 여학생도 여러 명 함께 가서 더 즐거운 시간을 보냈다고 자랑하기에 그 후 교실에서 여학생 얼굴을 마주하기 싫었고 친구들끼리 수학여행 이야기로 웃음꽃이 필 때는 귀를 막고 싶었다. 누구나 오래도록 기억하는 학창시절 수학여행의 즐거운 추억을 나는 경험하지 못한 채 성인이 될 때까지 경주여행은 희망사항으로만 남아 있었다.

신혼여행을 경주로 가면서 그 한을 풀었다. 신부가 희망하는 제주도를 다음 기회로 약속하고 경주로 결정한 것은 전적으로 무영탑 소설 배경을 견학하겠다는 마음이 앞섰기 때문이다. 생전 처음 불국사 마당에 들어섰다. 역사책에서 그림으로만 보던 다보탑 석가탑을 처음 보니 놀랍고 반가웠다. 두 탑의 건립 역사를 신부에게 소상히 설명하면서 소년시절 느낀 감동을 신부와 공유하고 싶었다. 신부도 소설 주인공들의 인생행로가 너무나 비참하다고 하면서 사랑의 힘이 그렇게 강한 줄 미처 알지 못했다고 한다. 신부 입에서 '사랑의 힘'이란 말을 처음 들으니 가슴이 뛰고 기분이 좋아 나에 대한 신부의 사랑 강도는 과연 어느 정도인지 불현듯 확인하고 싶은 장난기가 발동했다. 농담조로 "내가 만약 아사달이라면 아사녀나 주만이처럼 할 수 있겠느냐?"며 신부의 눈치를 살폈다. 곤혹스런 질문에 아무런 말대꾸 없이 미소만 짓는다. 알쏭달쏭한 미소의 의미를 어떻게 해석해야 할까. 지금까지 그 의미를 알지 못하고 한평생을 살아가고 있다.

사랑을 위하여 고귀한 목숨까지 초개처럼 내던진 사례는 동서고금을 막론하고 무수히 많다. 셰익스피어의 『로미오와 줄리엣』과 같은 사랑도 있고 『대장 부리바』에서 적국 귀족의 딸과 사랑에 빠져 아버지를 배신한 대가로 죽임을 당하는 아들도 있다. 고구려 왕자를 사랑한 낙랑공주가 부왕의 뜻을 어기고 자명고를 찢는 이야기에서 사랑의 힘이 얼마나 크고 강하다는 것을 실감할 수 있지 않는가. 도대체 사랑이 뭐길래 하나뿐인 자신의 생명도 포기하면서까지 지키려 하였을까. 정말 사람의 마음이란 천길 물속처럼 알 길이 없다. 그 사랑이 나라와 부모를 배신하고 목숨을 버려서라도 기어코 지켜야 할 최고의 가치인지 아닌지 거듭 생각에 잠겨 보지만 선뜻 정답이 생각나지 않는다. 오히려 정답이 없을지도 모르는 일이다.

노래 가사처럼 사랑 때문에 목숨을 건 그런 사랑을 바란다고 하면서도 정작 현실은 자기 본위로 계산하고 이해타산으로 엮어져 남녀간의 신성한 사랑서약이 파경을 맞는 사례가 부지기수다. 오늘날의 현실이 그렇다고 해서 지고지순至高至純한 사랑의 가치를 섣불리 폄하貶下하려는 해석은 옳지 않다고 생각한다. 시대를 뛰어넘어 사랑은 아름답고 고귀한 가치로 영원히 존재할 것이니까.

# 격정激情의 시간

남녀 간의 사이가 우정인지 애정인지 애매할 때가 있다. 끝까지 우정으로 남을 수도 있지만, 어느 사이 애정으로 바뀌어 연인이 되고 결혼으로 이어지기도 하니 참으로 남녀 사이는 헤아리기 어려운 알쏭달쏭한 관계다. 이 글의 대상인 K 양과도 몇 년간 애매한 관계가 이어지면서 수십 통의 메일만을 주고받았다. 세월이 흘러 어느새 그녀는 두 아이의 엄마가 되었고 대학에 출강하느라 바쁜 몸이 되었단다. 그러고 보니 그녀와의 관계는 연인으로까지 발전하지 못하고 처음 만났던 순수한 우정을 그대로 지금까지 견지해 오고 있는 셈이다.

나는 그녀와 2008년 6월에 금강산 여행을 함께했다. 경산에 살고 있는 직장 여성인데 필리핀 세부여행에서 처음 만났다. 귀국 후에도 오랫동안 메일로 친분을 유지하다가 개인별 승용차로 금강산 관광이 처음 허용되는 기회에 그녀에게 과감히 동반여행 의사를 타진했다.

주저하는 듯한 메일 답장을 보내왔기에 다시 솔깃한 조건을 제시하여 동의를 받아냈다. 여행경비 일체를 내가 부담하고, 호텔방 2실을 따로 잡되 절대로 침입하지 않을 것이며, 여행기간 중 철저히 신사도紳士道를 지킨다는 세 가지 조건이다.

솔직히 호텔방 2실은 두 사람이 마음먹기에 따라 1실로 바뀌는 것은 순간이 아닌가. 2실이란 조건이 지켜지지 않을 수도 있다는 음흉한 기대를 마음속에 감추고 일단 예약된 호실로 나뉘어 들어갔다. 안내하는 직원이 같이 와서 같은 방을 쓰지 않고 1인 1실이라 의아하다는 표정이다. 텅 빈 호텔방에 혼자 있으니 잠은 오지 않고 바로 옆방에 있는 그녀의 동태에 귀를 기울였다. 먼저 전화를 할까 하다가 그녀의 방을 노크하려고 문 앞까지 가서 서성거렸다. 갑자기 가슴이 방망이질을 하면서 약속한 세 가지 조건이 번개처럼 머리에 떠올라 할 수 없이 돌아섰다. 방문을 열어주지 않으면 들어갈 수도 없으니 자존심만 구겨지고 말 것 아닌가. 사욕과 이성의 갈등으로 머리가 아팠지만 아무런 결론도 내릴 수가 없었다. 혹시 먼저 자기 방으로 오라는 전화라도 걸려오지 않을까 늦도록 기다렸으나 반가운 벨 소리는 울리지 않고 이틀 밤을 꼬박 전화기만 쳐다보다 잠들고 말았다. 만약 전화가 걸려왔더라면 득달같이 그녀의 방문을 열고 들어갔을 테고, 그다음은 어떻게 되었을는지 상상만 해도 오금이 저린다.

남자는 모두 도둑놈이라는 말을 가끔 듣는다. 불륜이니 '미투'니 하면서 유명 연예인, 문인, 정치인 가릴 것 없이 온통 엽색 행각으로 뉴스를 장식한 적이 있었다. 별장 성 접대 사건은 몇 년째 뉴스에 오르내리고 유명 시인은 성추행사건으로 아직도 재판이 진행되고 있으며, 최근 만혼의 가수가 결혼을 앞두고 유흥업소 여성으로부터 고소를 당했다. 어느 미국 대통령은 현직에 있으면서 여직원과 부적절한 관계로 망신을 당했고, 프랑스 대통령도 현직에 있을 때 밤중에 오토바이를 타고 애인을 만나러 엘리제궁을 빠져나가다가 들키고 말았다. 이런 뉴스들로 남자들의 심보를 꿰뚫은 여성들은 남자들을 모두 도둑놈이라고 성토한다. 남자들의 도를 넘은 여성 집착 행각을 윤리, 도덕, 법으로 다스리고 있어도 지구촌 곳에서는 남녀 사이 희한한 사건들이 그치지 않고 벌어지고 있다. 선량한 남성들까지 덩달아 도둑놈으로 몰리는 세상이 되었으니 억울하지만 어쩌겠나.

나 역시 남자인데 당초 여행을 떠날 때 그녀와의 합방을 은근히 기대한 것도 사실이다. 장전항 비치호텔에서 그녀와의 2박은 결과적으로 합방을 하지 못한 아쉬움이 남지만 후과後果를 초래하지 않고 계속 친분이 이어지는 계기가 되어 오히려 마음은 편했다. 약속을 지키는 신사라는 인상을 그녀에게 남겼기 때문이다. 만약 그때 한 방에서 밤을 지새웠다면 나의 인생길은 다른 방향으로 흘러갔을지도 모른다. 연령차가 많아 연인으로 발전하더라도 예비신부의 앞날을 막아서는 안 된다는 한 가닥 양심이 넘치는 욕심을 자제할 수 있었다. 하지만 잘된 건지 못된 건지는 앞으로의 인생행로를 점칠 수 없는 일이고 화려한 로맨스로 인생 후반기를 장식할 수도 있지 않았을까 하는 엉뚱한 상상도 해보았다.

허물없이 지내는 학교 친구들에게 사실대로 이야기했더니 그대로 믿지 않고 비아냥거린다. "거짓말하지 말고 모두 털어놔! 거기까지 가서 같이 자지 않고 그냥 왔다면 누가 믿겠냐? 아무도 본 사람이 없으니 뻥치는 거지! 너는 젊은 여성하고만 놀아나는 바람둥이야" 하고 맹공을 퍼붓는다. 그럴듯한 공격에 대답할 수가 없다. 동침同寢하지 않았다고 납득할 만한 증거를 댈 수가 없으니 부도덕한 놈으로 몰아세운다. 친구들의 공격에도 일리가 있다. 미혼의 젊은 여성을 유혹해서 금강산 여행을 갔다는 자체가 비록 퇴직은 했지만, 과거 공직자로서의 처신으로 비난받을 수도 있지 않을까. 그러나 당시 나는 첫 아내와의 사별死別로 오랫동안 독신으로 외롭게 지내던 시기라 싱글 남녀가 서로 합의하에 여행을 떠난 것이 입방아거리는 될지언정 그렇게 부도덕한 처신이라고는 생각하지 않았다. '내로남불'이라고 공격한다 해도 아내를 속인 유부남으로 외도를 한 것은 아니니 굳이 감추거나 변명을 하고 싶지도 않고, 오히려 어떤 친구는 마음껏 즐기라며 부추긴다.

10여 년 세월이 흘렀다. 이제 그녀와의 금강산 번개여행은 잊을 수 없는 추억으로 남았다. 예쁜 낭자를 옆자리에 태우고 서울에서 금강산까지 직접 운전하면서 드라이브 기분을 만끽했으니 그 시간만은 젊은 남녀의 데이트가 부럽지 않았다. 삼일포 언덕 바위에서 마의태자 노래를 구슬프게 불렀을 때 나를 빤히 쳐다보던 그녀의 예쁜 모습이 새롭게 떠오른다. 그녀도 어느덧 50대 아줌마가 되었으니 어떤 모습으로 변했는지 궁금하다. 그녀를 다시 만나 이제는 갈 수 없는 금강산의 추억을 회상하고 싶은 마음에서 서울에 오면 꼭 만나기로 약속을 했다. 이제는 세 가지 조건도 필요 없고 남자로서의 흑심도 사라졌으니 아무런 부담 없이 터놓고 만날 수 있게 되었다. 그럼에도 느닷없이 세월이 앗아가 버린 핑크빛 격정의 시간들이 다시 그리워지는 것은 또 무슨 변덕인가. 금강산에 다시 오를 날을 기다린다.

# 파혼과 업보

1961년도 서울에 와서 대학에 갓 입학했을 때 고향 형님으로부터 한 통의 편지를 받았다. 읽어 보니 정말 놀라운 소식에 아연실색하지 않을 수 없었다. 나와 병원 집 맏딸인 K 양과 약혼서약을 했다는 것이다. 당사자가 멀리 있어서 내려오기 어려우니 집안 어른들끼리 먼저 편지를 썼다고 한다. '편지를 쓴다'는 말은 약혼 절차로 흔히 쓰는 속어인데 남자 쪽의 사주四柱를 건네는 혼례의 첫 번째 절차이다. 당사자가 참석하는 면약面約이 아니라도 집안 혼주끼리 약속해버리는 구습 풍속에 따른 것이다. 좋은 소식이라며 동네 사람들에게 떡까지 돌렸다니 평생 같이 살아가야 할 배우자가 얼떨결에 결정되어 버린 게 아닌가.

나의 의견을 확인하지도 않고 형님께서 혼자 중요한 결정을 내린 데는 그만한 이유가 있었을 것으로 사료된다. 그것은 고교졸업 후 그녀의 아버지 병원에서 2년간 간호사 역할을 하면서 세 살 아래인 그녀와 자주 어울려 놀았으니 동생이 싫어하지 않을 거라고 스스로 판단하신 것 같다. 또 두 집이 사돈 간이 되더라도 여자 쪽이 이름 있는 가문이니 체면도 서고, 병원 운영으로 경제적 여유가 우리집보다 월등하니 손해볼 것 없다는 계산이 형님의 마음을 녹인 것이리라. 거기에다 누구인지 몰라도 중매쟁이 감언이설甘言利說에 마음 약한 형님이 그만 넘어가 버렸다고 훗날 어머니께서 알려주셨다. 어머니는 그녀와의 혼사를 적극 반대하셨단다.

가장 중요한 것은 당사자의 의사임에도 이를 배제한 채 약혼이 성사되고 말았으니 너무 황당하여 마음의 갈피를 잡을 수가 없었다. 그녀에 대한 나의 호감도好感度는 특별히 매력을 느낄 정도로 끌리는 감정은 없었고, 혼인까지는 전혀 생각하지도 않았다. 그녀도 나와 같은 마음이었으리라 생각했는데 막상 약혼절차가 진행되는데도 반대의사를 표현하지 않았다는 것이 의아스러웠고 지금껏 나의 가슴에 큰 울림으로 남아 있다. 나를 배우자로 맞이하겠다는 그녀의 의지가 약혼 성사로 확인된 셈이니까.

며칠 동안 혼자 고민하다가 파혼破婚 결심을 굳혔다. 두 통의 편지를 써서 형님과 그녀의 아버지에게 등기로 발송했다. 이유는 결혼생활을 유지할 경제력이 없고, 나이도 이르니 졸업 후 취직이 되면 그때 결심하겠다고 적었다. 덧붙여 그녀에게 무슨 하자가 있거나 특별히 싫은 감정은 절대 아니라고 적었다. 형님에게는 시간을 두고 결혼

상대를 더 찾아보겠다고 하였지만, 동네 처녀를 버리고 서울 처녀를 맞겠다는 매우 이기적인 남자라고 그녀의 집에서 비난하는 소리가 귓전에 들리는 것 같았다.

결국, 그녀와의 인연은 편지 두 통으로 끝나버렸지만, 파혼 후폭풍이 밀려와 괴로운 시간을 이겨내야 했다. 그녀의 어머니가 술을 먹고 우리집을 찾아와 파혼에 대한 책임을 지라고 삿대질을 하면서 악담을 퍼붓고 돌아갔다고 여동생이 알려 왔다. 파혼 소문이 온 동네에 퍼지자 "여자 쪽에 무슨 문제가 있겠지" "파혼당한 처녀가 다시 시집가려면 딱지 맞은 처녀라고 누가 좋아하겠나" 하면서 동네 수다쟁이들이 헛소문을 만들어 입방아를 찧고 다닌다고 어머니가 알려 왔다.

모든 책임은 순진한 시골 처녀에게 파혼의 굴레를 씌운 나에게 있다. 누구보다도 당사자인 그녀의 마음에 깊은 상처를 안겨주었으니 한없이 미안한 마음에 하루속히 나보다 더 좋은 남지를 만나 결혼하기를 소원했다. 몇 년 뒤 나의 소원대로 나보다 더 멋진 남자를 만나 지금 안동에서 잘 살고 있어서 한결 가벼운 마음이다. 만약 파혼사유로 불행한 삶이 되었다면 평생 마음의 짐을 벗지 못할 뻔했다. 나 역시 바라던 대로 같은 직장에 다니는 여성을 만나 맞벌이를 하면서 살림살이에 조금은 여유를 갖게 되었다.

수십 년 세월이 흘렀다. 한동네에서 같이 살다가 약혼까지 했던 두 남녀는 각자 다른 상대와 결혼하여 살아오면서 어느덧 인생의 종착역에 가까워지고 있다. 이제는 미련도 후회도 모두 버려야 할 시기에 이르렀지만, 마음 노트에 쓴 일기장이라 지우개로 지워버리려 해도 지워지지 않는다. 가장 큰 이유는 그녀와 달리 나의 인생길이 순탄치 않았기 때문이다. 24년 동고동락한 조강지처와 사별死別하는 슬픔을 안고 오랫동안 외로운 독신남獨身男으로 살아오면서 힘들 때마다 그녀를 저버린 업보연기業報緣起가 아닌가 하는 생각이 문득문득 떠올랐다.

그녀 어머니의 저주가 현실이 되어 50대 나이에 접어든 나에게 상처喪妻의 고통을 안겨준 것은 아닌지 회한悔恨의 눈물이 가슴을 적신다. '남의 눈에 눈물을 흘리게 하면 내 눈에는 피가 난다.'는 속언이 그대로 맞았으니 어찌 인과응보의 세상 이치를 아니라고 할 수 있겠는가. 가혹한 업보가 두려워 맺힌 원한을 결자해지로 풀어야겠다는 단호한 결심을 하고 안동행 기차에 올랐다. 안동댐 인근 조용한 찻집에서 수십 년 만에 극적인 해후상봉邂逅相逢을 하고 보니 지난 세월이 주마등처럼 스쳐간다. 두 사람 모두 할아버지 할머니 모습에 놀라 멋쩍은 웃음만 허공으로 날리며 아무 말도 꺼내지 못하고 침묵하는 시간이 흘러갔다.

그녀의 첫마디는 "서울 가서 출세하려고 첫사랑을 버렸느냐?" 하면서 똑바로 쏘아 본다. 첫사랑이란 말에 깜짝 놀랐다. 그녀가 나와의 약혼에 반대하지 않았던 이유를 첫사랑이란 말로 이제야 털어놓으니 할 말을 잃고 말았다. "그쪽은 첫사랑인지 몰라도 나는 그저 이성異性 친구 정도로 생각했지" 하려다 그녀의 자존심을 지켜주려고 아무런 대꾸도 하지 않았다. 대신 정식으로 사과하려고 내려왔다고 하니 그녀의 굳어진 얼굴이 밝은 미소로 바뀐다. 그녀도 그때 자기 어머니의 행패를 대신 사과한다면서 나의 상처喪妻를 업보로 생각하지 말고 좋은 사람 만나 재혼하라며 다독인다. 뺨이라도 때리면 맞아줄 각오로 내려갔는데 의외로 지난 과거에 연연하지 않는 그녀의 담담한 태도가 나를 더욱 작아지게 만들었다.

나의 마지막 말은 "이제 한세상 살았으니 가슴에 묻어둔 앙금을 모두 털어버리고 남은 인생이나 즐겁게 삽시다." 하면서 다시 만나기 어려우니 한번 안아 보려는 동작을 취하면서 그녀의 눈치를 살폈다. 거부 의사를 보이지 않고 가만히 있기에 살며시 그녀를 안았다. 실로 수십 년 만에 벌어진 일이다. 나의 일생에서 처음으로 가까이 다가왔던 여인을 안고 보니 야릇한 감정에 사로잡힌다. 우리는 한참 동안 안고 있으면서 마주 보는 눈빛에서 용서와 해원解冤을 확인할 수 있었다. 수십 년 동안 가슴에 맺힌 응어리가 풀어지는 순간이다. 그녀의 눈가에 고여 있는 이슬방울이 마지막으로 보여준 첫사랑의 증표가 아닐까 생각하면서 상경하는 기차에 몸을 실었다.

눈을 감고 살아온 세월을 회고해 본다. 그때 파혼을 하지 않고 그녀와 일생을 같이했더라면 더 행복하지 않았을까 후회되기도 하지만 이제 와서 부질없는 헛된 망상일 뿐이다. 배우자의 선택이 인생역정의 갈림길이 되었음을 절감하면서 어릴 적 종조부께서 나의 사주팔자에는 상처운喪妻運이 있다고 하셨는데 그대로 맞아버렸으니 참으로 신기하다. 그렇다면 나의 파혼과 상처 후 재혼과정도 이미 정해진 운명인 것을 알지 못하고 그토록 가슴 태우며 발버둥치는 삶을 살아왔으니 어찌 인생의 허무와 무상함을 탄식하지 않을 수 있으랴. 방랑시인 김삿갓의 시구절이 떠오른다.

'세상만사 이미 정해진 것을 덧없는 인생이 괜히 서두르고 있네.'

'만사개유정萬事皆有定 부생공자망浮生空自忙'

# 석모도席毛島의 밤하늘

섬 여행을 할 때마다 아름다운 경치에 감탄한다. 섬 전체가 그대로 자연 정원이다. 대자연이 인간에게 이처럼 멋진 선물을 안겨 주었으니 얼마나 고마운 일인가. 일부러 다듬고 꾸며진 인공정원과는 달리 때 묻지 않은 자연경관을 그대로 유지하고 있어 사람들의 마음을 끌어당기는 유혹의 장소다. 넓은 바다 한가운데 다소곳이 자리 잡고 있어 온갖 새소리 바람 소리 파도 소리를 간직한 채, 억겁의 세월을 버텨온 비경이 곳곳에 숨겨져 있다. 한 폭의 풍경화를 그리고, 멋진 시를 짓고, 영상음악을 현장에서 즐길 수 있는 그곳, 섬을 찾는 이유를 더 말해 무엇하랴. 언젠가 소설 『그 섬에 가고 싶다』를 읽으며 평생 우리나라의 수많은 섬을 많이 알려진 곳부터 하나씩 찾아가 보리라 마음먹고 살아왔다.

섬 여행은 낭만을 즐기고 심신을 단련하는 보람찬 여정이지만 선뜻 나서기가 쉽지 않다. 바다와는 수백 리 떨어진 산간 오지에서 태어나 스무 살이 넘도록 바다 구경을 하지 못하고 살아왔기에 섬 구경은 언제나 사치스러운 희망 사항으로 머릿속을 맴돌았다. 서울에서 직장생활을 하면서 섬 마니아의 장기계획으로 희망 사항을 하나씩 실천으로 옮겼다. 우리나라는 국토의 삼면이 모두 바다로 둘러싸여 3,300여 개의 섬을 보유하고 있다고 하는데, 유인도는 470여 개고 무인도가 대부분이나 그 정확한 숫자는 귀신도 모른다는 우스갯소리가 있다. 주로 전남 서남해안에 많은 수의 섬들이 옹기종기 모여 있다. 무인도는 제쳐두고 유인도만 매월 한 곳씩 찾아가도 40년이 걸린다니 애당초 전부 둘러본다는 것은 불가능한 일이다. 가장 큰 섬인 제주도부터 시작해서 울릉도, 거제도, 진도, 강화도, 남해도, 안면도, 영종도, 연평도, 흑산도, 돌산도, 우도, 외도, 완도, 교동도, 오동도, 마라도 등을 찾아다녔다. 특별히 오래 기억되는 섬은 거문도, 백령도, 석모도다.

강화군 석모도는 지금까지 섬 나들이 중에서 가장 많이 찾은 곳으로 10여 회가 넘는다. 서울에서 가장 빨리 바다와 섬을 볼 수 있는 곳이라 당일치기 여행코스로 적격이다. 2017년 6월 석모대교가 개통되기 전에는 강화도 외포항 선착장에서 뱃길로 다녔는데 갈매기에게 새우깡을 던져주던 추억이 새롭다. 배 위에 자동차를 싣고 섬에 내리면 일주도로를 따라 섬 전체를 한 바퀴 돌며 자연휴양림, 미네랄온천, 민머루해변 등 명소관광을 즐길 수 있다. 맛집을 찾아 밴댕이회 무침에 인삼 막걸리를 마셔 보는 것도 별미다. 이날 관광의 하이라이트는 낙가산 자연 바위인 일명 눈썹바위에 조각한 보문사 마애석불좌상까지 가파른 계단 길을 올라 서해 최고의 일몰 광경을 감상하는 일이다. 이 불상은 1929년 일제 강점기 금강산 표훈사 주지 이화용과 낙가산 보문사 주지 배선주가 합작하여 세운 높이 9.2m 폭 3.3m 대형 관음보살상이다.

석모도를 여러 번 찾아간 것은 잊을 수 없는 추억 때문이다. 수십 년 전 처음으로 운전면허증을 취득하고 새 차를 산 기념으로 아내와 함께 석모도 여행을 떠났다. 말로만 듣던 눈썹바위 일몰 광경을 아내에게 보여주고 느끼는 감동을 공유하고 싶어서다. TV로 보던 동해안 일출 광경 못지않게 저녁노을을 배경으로 커다란 태양이 서서히 바닷속으로 가라앉는 일몰 광경은 과연 장관壯觀이었다. 서쪽 하늘이 온통 붉은 낙조에 물들었다. 이렇게 저물어 가는 하루해를 뒤로하고 부지런히 석포리 선착장에 도착했으나 이미 마지막 배가 떠나버린 뒤라 꼼짝없이 석모도에서 하룻밤을 보내게 되었다. 배 시간을 맞추지 못하면 집에 도착할 수 없다는 정보를 알고는 있었지만, 처음부터 섬에서 묵을 작정을 하고 떠난 것은 아니었다. 들은 소문으로는 연애하는 남녀가 일부러 배 시간에 늦게 도착해서 어쩔 수 없이 과속하는 경우도 있었단다.

석모도의 밤하늘에 뜬 별은 유난히도 빛났다. 문득 윤동주의 「서시序詩」가 떠오른다. 그의 생가가 있는 연길 명동의 별들도 이렇듯 반짝반짝 빛났으리라. 결혼을 하고 자식을 둔 중년의 부부가 서해의 외딴섬에서 반짝이는 별들을 함께 쳐다보며 살아온 이야기들을 오손도손 나누었다. 더 바랄 것 없는 행복한 시간이 두 사람의 가슴에 평생 지워지지 않는 그리운 추억으로 남아 있다. 그동안 아내와 전국의 여러 섬들을 동반 여행하면서 많은 추억을 쌓았지만, 아직도 찾아가고 싶은 섬들은 이루 헤아릴 수 없이 많이 남아 있다. 다음에 찾아가고 싶은 섬 이름들을 중얼거리며 그곳 특색을 자랑삼아 늘어놓았더니 아내는 나에게 완전히 '섬 귀신'이 씌었다고 놀려댄다. 섬 마니아의 별명으로 들을 만한 소리라 웃어넘겼다. 섬 귀신에 홀려서가 아니고 나 스스로 좋아서 찾아다니는데 아무 별명이면 어떠랴. 석모도에는 아차도, 보름도, 주문도 3개의 유인 부속도서가 있다. 섬에서 섬으로 이어지는 뱃길이 열려 있어 1박 2일로 세 곳을 다녀왔다. 수십 년 전으로 회귀한 듯한 순수한 섬 풍경이 가슴에 쌓인 시름을 한꺼번에 씻어 내린다.

관광지로 유명한 외국의 섬으로 사이판, 세부, 보라카이, 하와이, 하이난, 하롱 베이, 대마도, 캐나다 천 섬을 찾아가 보았지만, 관광을 목적으로 한 인공개발에 뒤덮여 섬 고유의 맛과 자연스러움이 느껴지지 않았다. 우리나라도 이미 알려진 큰 섬들은 거의 연육連陸 또는 연도連島로 개발되고 있어 천 년의 신비를 간직한 자연 섬은 점점 줄어들고 있다. 어느 대통령이 취임 후 첫 여름 휴가지를 거제 저도猪島에서 보내는 영상을 TV로 보면서 참으로 좋은 장소를 선택하였다고 생각했다. 35년 전 고등학교 시절 이 섬에 부모님과 함께했던 추억이 가슴 한편에 남아 있어 그리움이 밀려온다는 메시지를 남겼다. 그분도 수필가로 한국문인협회 회원 명부에 이름이 올라 있음을 확인하고 문학도로서 역시 섬을 찾는 이유가 남다름을 이해하게 되었다. 나도 올여름에는 저도를 찾아가 한나라의 대통령이 왜 이 작은 섬에서 여름휴가를 보냈는지 그 자취를 따라가 보련다.

섬 여행을 떠나고 싶은 마음은 고향을 찾아가고 싶은 마음과 다를 바 없다. 몇 번이고 찾아가고 싶은 미지의 땅, 순수한 자연이 고스란히 남아 있는 그곳에서 마음속에 찌든 때를 씻어버릴 좋은 기회다. 번거롭게 비행기나 기차나 자동차를 이용하지 않아도 된다. 길고 긴 해안선을 따라 곳곳에 마련된 크고 작은 선착장에서 섬으로 떠나는 여객선에 오르면 제일 먼저 갈매기가 환영 쇼를 하면서 반겨줄 것이다. 배낭 하나만 달랑 메고 나그네의 마음으로 떠나는 섬 여정은 각박한 도시 생활에 지친 사람들에게 최고의 힐링 코스가 되리라.

# 다이아몬드 반지

다이아몬드는 귀하고 비싼 보석이다. 천연광물 중 가장 강도가 높고 광채가 빛나 보석의 으뜸으로 꼽는다. 결혼예물로 반지를 만들어 신부의 손가락에 끼워주면 감동을 안기는 최고의 선물이 될 수 있다. 다이아몬드의 단단함은 변하지 않는 사랑을 의미한다고 한다. 그러니 어느 신부라도 다이아몬드 반지를 받고 싶어 하겠지만 가난에 쪼들리는 신랑에게는 언감생심 그림의 떡이다. 가끔 해외 토픽에서 어느 부호가 신부에게 수십 캐럿짜리 다이아몬드를 결혼선물로 안겼다는 뉴스를 볼 때, 그 신부는 얼마나 감격하고 행복해할까 그지없이 부러웠다. 보석 중의 보석이며 선물로 가장 받고 싶은 다이아몬드의 가치는 그토록 사람들의 마음을 홀린다.

1967년 10월 3일이 장가간 날이다. 50여 년 전 나라가 처음 세워진 날이라고 경축하는 개천절에 종로예식장에서 일생의 반려자와 혼인서약을 하였다. 양가의 가족과 친척, 친우들이 모인 자리에서 신부에게 다이아몬드 반지를 끼워줬다. 나의 형편으로는 파격적인 선물이다. 답례로 신부로부터는 파카 만년필을 받았는데, 그날 축하와 증인으로 모인 하객 앞에서 예물교환 의식儀式에서만은 나의 체면이 흠 잡히지 않고 잘 넘어갈 수 있었다. 신부도 다이아몬드 반지를 받고 나의 능력이나 사랑의 증표로 믿었기에 그날만은 매우 만족해하는 눈치였다. 파카 만년필은 지금 이 글을 쓰는 동기부여의 상징으로 기억된다.

호사다마라고나 할까, 결혼 3개월 후 그토록 신부를 즐겁게 한 다이아몬드 반지가 눈물의 씨앗이 될 줄이야. 나의 부끄러운 죄과罪過를 이제야 처음으로 털어놓는다. 분수에 맞지 않게 다이아몬드 반지를 결심한 사연은 이렇다. 평생 한 번뿐인 결혼식에 무리를 해서라도 신부를 즐겁게 해주어야겠다는 한결같은 마음이 앞섰기 때문이다. 다른 이유는 한 직장에서 만나 2년간 데이트를 하면서 우리집 가정 형편이 부자는 아니지만 다이아몬드 반지 정도는 할 수 있는 것처럼 허세를 부렸기 때문이다. 오직 그녀를 놓치지 않겠다는 일념으로 나의 몫으로 시골에 몇 마지기 전답도 따로 있다고 넌지시 허풍을 떨며 가난티를 숨겼다. 그녀는 나의 말을 순진하게도 그대로 믿었다.

당시 나의 경제 사정은 결혼식을 올릴 형편이 못 되었다. 고모댁에 가정교사로 얹혀살면서 당장 방 한 칸 얻을 돈도 없고, 결혼식 비용도 마련하지 못했다. 고향 집도 하루 세끼 끼니를 잇기 어려울 정도로 곤궁하니 도움을 청할 수도 없었다. 그녀에게는 허세를 부렸지만,

실제 사정은 이처럼 정반대이니 결혼식을 미룰까도 생각해 보았다. 그러다가 혹시 그녀가 마음이 변하여 나와의 결혼을 포기하면 어쩌나 하는 생각에 겁이 덜컥 났다. 나이는 이미 30세에 이르렀으니 이번 기회를 놓치면 노총각 신세가 되지 않을까 초조한 마음을 가눌 수가 없었다.

설상가상으로 어느 날 그녀가 편지 한 장을 내밀었다. 바로 아래층에 있는 직장동료가 그녀에게 보낸 연서였다. 체격이나 경제면에서 나보다 앞선다는 걸 알고 있었기에 경쟁에서 밀릴 가능성이 다분하니 갑자기 그 친구가 몹시도 밉게 보여 복도에서 만나도 외면했다. 그녀가 연서를 숨기지 않고 나에게 떳떳이 보이는 것은 드디어 연적戀敵이 출현하였으니 빨리 결혼식을 서두르든지, 포기하든지 결정하라는 경고장으로 보였다. 다급한 상황이라 어쩔 수 없이 일을 저질러 놓고 보자는 심정으로 결혼 날짜를 잡았다. 주례는 대학 은사인 이하윤 교수님에게 부탁했다.

결혼식을 며칠 앞두고 그녀와 함께 종로 금은방에 갔다. 괜찮은 결혼예물로 적당하다는 주인의 말에 따라 다이아몬드 반지 1부짜리를 맞추었다. 마음 같아서야 1캐럿짜리로 으스대고 싶었지만, 나의 능력에 어디 가당키나 한 일인가. 1부짜리도 당시로써는 나의 월급보다 더 많은 꽤 큰돈으로 친구에게 통사정을 하여 급전을 빌렸다. 결혼식이 끝나고 한 달 내에 갚기로 약속하였다. 직장대출로 간신히 서대문 평동에 월세방을 얻어 신혼살림을 시작하였다. 한 달이 지나니 친구의 빚 독촉이 빗발쳤다. 하지만 말단 공무원 쥐꼬리 월급에 대출월부금을 공제하고 나면 친구 빚을 갚을 수가 없었다. 두 달간이나 미루면서 시달리다가 견디지 못하고 비상대책을 강구했다. 도둑고양이처럼 장 속에 숨겨둔 다이아몬드 반지를 아내 몰래 훔쳐서 구입한 금은방을 찾아갔다. 약간의 수수료를 공제하고 되넘긴 돈으로 친구 빚을 갚았다.

그때 생각으로는 오래가지 않고 반지를 다시 찾아서 제자리에 갖다 놓으려 했지만, 돈이 쉽게 마련되지 않으니 도둑이 제 발에 저려 불안한 나날이 지나갔다. 한 달쯤 지난 뒤 반지를 되팔아 버린 사실을 아내에게 들키고 말았다. 결국 일이 터지고 상황이 심각한 사태에 이르렀다. 아내가 가방을 챙겨 친정집으로 가버린 것이다. 아내가 집을 나간 이유를 곰곰이 생각해 보았다. 결혼반지는 두 사람이 한평생을 약속한 사랑의 증표가 아닌가. 아내에게 그토록 소중하고 의미 깊은 결혼반지를 한마디 상의 없이 팔아버렸으니 반지의 값어치보다 나의 행위에 더 분노를 느꼈을 것이리라. 그 뻔뻔하고 후안무치厚顔無恥한 태도와 고향집이 가난하지 않다는 허세가 거짓말로 밝혀졌으니 그녀를 속인 나의 인격은 여지없이 추락하고 말았다.

결혼 3개월 만에 보따리를 싸 들고 친정집으로 간 것은 나와 일생을 같이할 수 없다는 결심을 행동으로 보여주는 것이라 생각하니 가난의 설움이 복받쳐 올라 오열嗚咽하지 않을 수 없었다. 어렵게 결혼식을 마쳤는데 여기서 나의 신혼생활이 멈춘다면 너무 가련한 인생이 될 것 같아 다시 마음을 다잡았다. 다음 날 퇴근하는 길로 바로 아내의 친정집을 찾아갔다. 무조건 잘못했다고 싹싹 빌기로 단단히 마음을 먹었다. 장모님과 아내가 노기怒氣 띤 얼굴로 마지못해 나를 맞았다. 양쪽 모두 아무 말 없이 침묵의 시간이 흘렀다. 내가 무슨 말을 하려는지 기다리는 것 같아 먼저 입을 열었다.

"제가 많이 잘못했습니다. 아내 모르게 반지를 처분한 잘못을 무엇으로 변명하겠습니까. 반지는 한 달 내로 찾아서 집사람에게 돌려주겠습니다." 가만히 듣고 계시던 장모님이 드디어 말문을 열었다. 불호령이 떨어지리라 생각했는데 의외로 차분한 어조로 말씀하신다.

"이 서방! 자네 집이 반지를 되팔아야 할 정도로 그렇게 어려운 줄 몰랐네. 그것도 모르고 나는 친척들에게 다이아몬드 반지를 받았다고 자랑까지 했지. 반지는 다시 찾아오고, 자네 몫의 전답이 시골에 있다고 하니 그거라도 팔아서 전셋집으로 옮기게. 단칸 셋방에 살고 있으니 창피해서 말을 할 수가 없네. 이 자리에서 확실히 약속을 하고 자네 처를 데리고 가게나" 얼마나 반가운 말씀인가. 대뜸 "알겠습니다. 그렇게 하겠습니다." 하고 아내의 얼굴을 쳐다보니 아무 말 없이 거부의사를 보이지 않아 우선 안심이 되었다.

장모님과 어려운 담판 자리를 힘들게 넘기고 아내와 함께 단칸 셋방으로 돌아왔다. 무엇보다 앙탈을 부리지 않고 장모님 말씀에 순종한 아내가 고마웠다. 더욱이 내 몫의 전답이 이미 허풍임을 알고 있으면서 그 자리에서 바로 폭로하지 않은 아내의 속 깊은 배려에 새삼 감복하지 않을 수 없었다. 남편의 체면을 살려주고 친정어머니를 안심시키려는 아내의 현명한 처신에 이번 반지사건은 오히려 부부애를 더욱 두텁게 하는 전화위복의 기회가 되었다. 우리 부부는 신혼 초에 그렇게 큰 고비를 넘기고 맞벌이를 하면서 알뜰히 저축하여 전셋집에서 좋은 집으로 조금씩 재산을 불려 나갔다. 팔아 버린 1부짜리 다이아몬드 반지는 3부로 늘려 새로운 디자인으로 아내의 아픈 상처를 치유하여 주었다. 우리 부부의 결혼생활은 내가 힘겨운 지게였다면 아내는 든든한 작대기가 되어 주었다. 모두 아내의 도움으로 쌓아 올린 행복의 성城이다.

# 땅과 하늘

우리집 실권자는 아내다. 갖가지 가정사의 중요한 결정을 대부분 아내가 내린다. 나는 내려진 결정을 묵묵히 따르는 데 익숙해지고 있다. 가끔 나의 의사를 물어보기도 하지만 이미 내려진 결정에 대하여 동의를 구하는 정도다. 만약 다른 의사표시를 하게 되면 여지없이 말다툼이 시작된다. 본인 주장이 옳음을 역설하고 나의 주장이 그릇됨을 조목조목 지적한다. 정당한 심판을 내려 줄 사람이 따로 없으니 끝없는 입씨름만 계속될 뿐이다. 그러니 피곤한 신경전을 피하려면 마지못해 끌려갈 수밖에 없지 않는가.

지난달 안동에 살고 있는 조카딸이 며느리를 맞이한다고 청첩장을 보내왔다. 꼭 참석해야 될 입장인데 아내는 원거리와 코로나를 핑계로 가지 않겠다고 한다. 결국 가지 못하고 형님에게 마음의 빚을 졌다. 아내의 실리적인 계산이 형제간의 우애를 외면한 것이다. 재난지원금으로 외식을 몇 번 했다. 메뉴 결정은 나의 선택보다 아내의 식성이 우선이다. 아내는 콩국수, 메밀국수, 냉면 등 국수 종류를 찾는다. 나는 좋아하지 않는 음식이라 마지못해 따라주기도 하지만 아내는 나의 식성에 맞추어 주지 않는다. 할 수 없이 나 혼자 다른 식당에서 된장찌개나 설렁탕으로 대신할 때면 부부가 같이 와서 각자 외식을 하는 어색한 모습에 즐거운 기분이 가라앉는다.

아내의 일과 중에서 가장 귀찮아하는 일은 하루 세끼 꼬박꼬박 상차림이다. 코로나 사태로 집 안에 갇혀있는 시간이 길어진 데다 삼식三食이 신세라 끼니마다 아내의 눈치를 보면서 차려주는 대로 군소리 않고 먹는다. 조금 못마땅한 상차림이나 입맛에 맞지 않는 음식이 나와도 불평을 할 수가 없다. 소식小食을 권유하는 바람에 점심 끼니는 빵 조각과 커피 한 잔으로 때울 때가 많다. 이렇게 아내의 독선에 점점 순치馴致되어 가는 나 자신의 초라하고 작아지는 모습이 부끄럽기까지 하다. 공처가인지 애처가인지는 생각하기 나름이지만, 어느 쪽으로 놀려도 아니라고 할 수가 없을 것 같다.

중학교 시절 통학거리가 멀어 외갓집에 있을 때다. 성질이 불같고 한여름에도 더운밥만 찾는 외삼촌이 찬밥을 차려주는 외숙모에게 버럭 소리를 지르며 고추장 종지를 마당에 집어던지던 볼썽사나운 장면이 평생 기억 속에 남아 있다. 아내에게 그 시절 이야기를 했더니 쓴웃음을 지우며 "자기 아내를 하인 취급하는 그런 무례한 남자와 어떻게 같이 살 수 있겠느냐?"며 그때처럼 살고 싶으냐고 반문한다. 나의 속마음을 떠보려는 눈치다. 남편을 하늘처럼 받드는 그런 시절도 있었는데 이제는 남녀평등을 넘어 여성 상위시대에 살고 있는 것 같아 여필종부女必從夫의 덕목을 들먹였다간 뭇 여성으로부터 삿대질 공격을 받지 않을까 조심스럽다.

아내가 자기 방에 벽걸이 에어컨을 설치하자고 한다. 이미 거실에 용량이 큰 스탠드식 에어컨이 놓여 있어 십여 년 넘게 잘 쓰고 있으니 불필요하다고 설명했지만, 들으려 하지 않는다. 해마다 여름철 폭염에 견디기 어려우니 나이 들어 돈 아끼지 말고 편하게 살자는 주장이다. 각방을 쓰다 보니 자기 방에만 따로 설치하고 나에게는 거실 에어컨을 활용하라고 한다. 나는 찬 바람이 싫어 에어컨을 별로 좋아하지 않는다. 식당에 가면 에어컨 바람을 피해 앉는다. 또 에어컨을 설치하느라 벽에 구멍을 내고 더운 바람을 내뿜는 실외기를 어디에 두어야 할지, 혹시 이웃집에서 항의나 하지 않을지 마음이 편치 않다.

현금카드를 아내에게 넘긴 지 오래다. 백화점, 이마트, 유명 브랜드점, 동네 슈퍼 등에서 아내 마음대로 카드를 사용한다. 사용처와 금액이 나의 핸드폰에 실시간으로 찍히니 합리적인 소비인지 낭비인지를 쉽게 판단할 수 있다. 한번은 이마트에서 이십만 원 넘는 금액이 찍혔기에 과소비가 아닌지 의심이 들어 영수증을 보여 달라고 했다가 크게 다툰 적이 있다. 모두 가정생활에 필요한 것을 산 것뿐인데 왜 감사를 하느냐고 항의한다. 그 이후로는 얼마가 쓰이든 아내를 믿고 확인하지 않기로 마음먹었다. 콩이야 팥이야 따져봐야 마음에 상처만

안게 되니 가정 평화를 위하여 묵인하는 자세가 오히려 편하다. 아내도 카드사용을 통제하지 않는 나의 태도를 좋아하는 눈치다.

이처럼 일상생활에서 부딪치는 수많은 결정을 아내는 고유 권한처럼 행사한다. 아내의 위상이 볼품없는 나의 위상에 비하면 월등하다. 꼭 남편 쪽 위상이 높아야 합당한 것은 아니지만, 왠지 씁쓸한 기분을 감출 수가 없다. 그저 아내가 하자는 대로 따르기만 하니 가정의 주도권이 완전히 뒤바뀐 셈이다. 어쩌다 아내와 상의 없이 혼자 결정을 내리면 온갖 트집으로 며칠간 냉전이 계속되고 두고두고 잔소리를 들어야 한다. 명색이 가장인 나의 체면은 그야말로 빛 좋은 개살구다. 이렇게 살아가는 것이 과연 올바른 처신인지 곰곰이 생각에 잠겨 보지만 명확한 해답이 떠오르지 않는다. 뒤바뀐 위상을 다시 회복할 것인가, 현재대로 유지할 것인가를 두고 어느 쪽이든 심중을 굳혀야 되겠다고 작심했다.

장고를 거듭한 끝에 해답을 찾았다. 아내가 느닷없이 사라졌다고 가상假想을 해 보는 것이다. 한 공간에서 매일같이 마주치던 아내가 가출이나 별거로 갑자기 보이지 않는다고 상상하면 정말 끔찍한 일이다. 대화할 상대가 사라진 독거노인의 고독을 예감하면 지금처럼 함께 있는 시간이 금쪽처럼 귀하다는 사실을 잊고 있었다. 떠나간 빈자리는 한없이 고적할 테고, 있을 때 잘하지 못한 후회에 가슴을 치리라. 재작년 아내가 일본 딸아이 집에 출산 도우미로 수개월 체류하는 동안 일각이 여삼추如三秋로 기다린 경험이 있다.

한 가정에서 주도권이 아내에게 넘어간들 무슨 큰일이 벌어지는 것도 아니고, 아내의 위상이 높아진다고 안달한들 무엇하랴. 어차피 부부는 일심동체이고 아침에 눈을 뜨면 제일 먼저 만나는 사람이 아내다. 한집에서 숙식을 같이하고, 서로 간에 건강을 걱정하며, 공동의 목표를 향하여 하루하루를 성실히 살아가는 영원한 동반자다. 아내의 존재가 곧 행복의 원천이며 시작이다. 이 같은 만고의 진리를 가끔 잊어버리고 푸념을 늘어놓거나 갈등을 겪는다면 참으로 어리석은 졸부의 태도가 아닌가.

우연히 카카오톡을 뒤적이다가 재미있는 문자를 읽었다. '나이 팔십이 넘어 아내가 차려주는 밥상을 받으면 행복지수가 금메달'이라고 한다. 눈이 번쩍 뜨였다. 요즈음 세태를 풍자하는 우스갯소리라도 공감이 간다. 바로 나에게 해당되는 문구이니 나는 이미 행복한 금메달 노인이 아닌가. 밥상을 잘 차렸든 못 차렸든 그것은 중요하지도 않고 심각한 문제도 아니다. 우리 나이에 아내로부터 밥상을 받는다는 사실 자체가 행복의 기준임을 깨우쳐 주는 멋진 경구警句다. 이 문구를 읽고 늦게나마 해답을 찾는 계기가 된 것을 다행으로 생각한다.

드디어 결심을 굳혔다. 남편과 아내 관계가 하늘과 땅이 아니라 땅과 하늘이면 어떠랴. 현재의 '뒤바뀐 위상'을 그대로 유지하는 것이다. 산수傘壽의 나이를 넘어 아내가 옆에 있는 것만도 얼마나 다행한 일인데 더 이상 무슨 욕심을 채우겠단 말인가. 그까짓 주도권은 마음대로 행사하고 남은 생애를 살아가는 동안 내 곁을 끝까지 지켜주기만 하면 좋겠다.

# 아내의 밥상

아침에 눈을 뜨면 제일 먼저 아내가 보인다. 앞치마를 두르고 싱크대 앞에서 아침 식사를 준비하는 아내의 뒷모습이 그리도 보기 좋다. 안아주고 싶지만, 핀잔을 들을지도 몰라 참는다. 나의 건강과 입맛에 맞춘 소박한 아침 밥상이 차려진다. "식사하세요" 하고 부르는 아내의 음성이 가수의 노래처럼 듣기가 좋다. 식탁에 마주 앉아 커피를 마시며 세상 사는 이야기를 나누고, 달력에 표시된 백신주사와 건강검진 날짜를 쳐다보며 서로의 건강을 걱정한다. 중요한 가정사 문제도 밥상머리 대화로 풀어나간다. 함께 늙어가며 하루하루의 삶을 보람 있고 즐겁게 보내려고 서로를 배려하는 자세가 무언의 약속으로 굳어졌다. 오늘 하루도 이렇게 즐거운 마음으로 상쾌한 아침을 맞는다.

아내의 존재는 나에게 최고의 행복이다. 행복의 조건 제1호다. 존재 자체가 이 세상 무엇과도 바꿀 수 없는 나만의 보물이다. 점점 나이가 쌓이면서 절실히 느끼는 솔직한 고백이다. 가끔 아내가 나의 곁에 보이지 않는다고 생각하면 정말 끔찍하다. 무엇보다 대화할 상대가 없으니 그 외롭고 쓸쓸함을 무엇으로 달랜단 말인가. 또 밥 짓고 청소하고 빨래하는 일상의 가사를 직접해야 하니 얼마나 귀찮은 일인가. 여든이 넘어 아내가 차려주는 밥상을 받으면 복 받은 사람이라고 하는 말은 조금도 틀린 말이 아니다. 온종일 한 공간에서 마주하는 사람이지만 어쩌다 외출을 하고 예정 시간에 귀가하지 않으면 마음을 졸인다. 아내가 일본에 살고 있는 딸아이 출산 도우미로 얼마 동안 집을 비웠을 때, 지루한 시간을 버티지 못해 하루에도 몇 번씩 영상 통화로 마음을 달랜 일이 있다.

나는 아내의 정성에 마취되어 하루하루를 즐겁게 살아간다. 매일 마주하는 얼굴이지만 언제나 기분 좋은 인상을 풍긴다. 곱게 늙어가는 모습이 그지없이 평화로워 보인다. 아내의 일상은 세끼 밥상 차리기, 청소하기, 빨래하기, 시장보기로 하루해를 넘기는데 네 가지 모두 합격점수를 주고 싶을 정도로 잘도 한다. 무위도식無爲徒食하며 하루 세끼 꼬박꼬박 밥상을 받기가 미안한 마음에 대충 차리라고 하여도, 잘 차리나 못 차리나 한번 밥상을 차리고 설거지까지 마치는 과정은 똑같다고 한다. 더욱이 아내는 요리하기를 좋아해서 TV 요리 프로그램은 빠지지 않고 기록을 하며 시청한다. 요리학원에 보내 달라고 조르기에 일언지하에 거절했다. 음식솜씨는 정성이 제일이고 지금도 잘하고 있으니 포기하라고 만류하였다.

아내의 밥상에는 많은 의미가 담겨 있다. 사랑과 배려와 정성이 함께 버무려 차려진 밥상이다. 매일같이 밥을 짓고 국을 끓이고 몇 가지 반찬을 만드는 과정에는 취식할 대상의 입맛을 생각하는 장인정신이 깃들어 있다. 소털같이 많은 나날을 보내면서 하루 세 끼씩 밥상을 차리는 아내의 수고를 어찌 가볍게 치부할 수 있겠는가. 아내는 밥상 준비 때문에 시장 나들이를 자주한다. 늘 가는 곳이 집에서 가까운 이마트와 재래시장이다. 가끔 따라다니다 보면 아내의 눈빛이 초롱초롱 빛난다. 좋은 식품을 싸게 사려고 눈여겨 살피는 것 같다. 같은 식품을 여러 번 들었다 놓았다 하다가 직원의 눈총을 받기도 한다. 기다리기 지루해서 그만 가자고 해도 들은 척도 않는다. 따라다닌 수고를 저녁 성찬으로 보답한다.

나는 아내와 함께 자주 산책길에 나선다. 걷는 운동이 노년의 건강관리에는 최고의 보약이다. 집에서 가까운 서오릉 서어나무길, 북한산 둘레길, 은평 둘레길, 안산 자락길을 번갈아 가며 한두 시간씩 걷는다. 은평 둘레길에는 사시사철 물이 흐르는 옹달 샘터가 있고 그곳에 쉼터도 마련되어 있다. 시원한 소나무 그늘서 졸졸 흐르는 물소리와 이름 모를 새소리를 들으며 목청을 가다듬고 흘러간 옛 노래도 한 곡조 뽑아본다. 아내의 눈치를 보니 아무런 반응이 없다. 박수는 고사하고 잘 부른다고 한마디 해주면 좋으련만 나에 대한 칭찬에는 매우 인색한 사람이다. 그나마 무반응 태도에 듣기 싫지는 않다는 표정을 읽을 수 있어 기분이 상쾌하다. 조용한 산속에서 노래를 부르면 쌓인 스트레스가 조금은 풀어지는 느낌에 아내의 평가에 상관없이 산책길에 나설 때마다 유명 가수의 히트송을 감정을 잡고 불러본다.

하루하루의 삶이 지극히 평범한 일상이다. 멋있고 화려한 이벤트 일정을 만들어 아내를 즐겁게 하여주고 싶지만 요즘 같은 괴질 시국에는 마음 놓고 무슨 계획을 세울 수가 없다. 이번 사태가 종식되고 여행이 자유로워지면 아내가 소원하는 유럽 여행을 떠나 한 달쯤 여러 나라를 돌아다니며 아내가 즐거워하는 모습을 지켜보리라. 이 한 번의 여행 서비스가 오랜 세월 정성껏 밥상을 차려준 수고에 비하면 만분의 일에도 미치지 못하는 보상이지만, 아내에 대한 나의 마지막 선심이다. 톨스토이 단편 동화 『사람은 무엇으로 사는가』에서 최종 결론은 사랑이라고 표현한 대문호의 철학사상에 깊은 감동을 하였음에도 나는 아직 아내에게 하고 싶은 말을 미루고 있다. 유럽 여행 때 어느 멋진 장소에서 미루고 있던 말을 꼭 하고 말리라. "당신이 차려준 밥상에는 사랑이 녹아 있었고, 나도 당신을 사랑하노라"고….

# 여자 동창생

남학생들에게 여자 동창생은 언제나 로망의 대상이다. 수년간의 학창시절을 함께 보내며 갖가지 에피소드와 추억들이 쌓여 있고 가슴 한구석에 혼자만이 간직한 아름다운 로맨스도 녹아 있어서다. 나의 초중고, 대학시절은 모두 남녀 합반으로 숫자적으로 적은 여학생의 존재는 언제나 남학생들에게 경쟁과 관심의 대상이었다. 감수성이 예민하고 막 이성에 눈을 뜨기 시작하는 시기이므로 은근히 좋아하는 마음이 있어도 직접 표현하지 못하고 억제하고 있었으리라.

학교를 졸업하고 수십 년 세월이 흘러가 버린 뒤, 동창회 모임에 나가보면 모두들 숨겨두었던 속내를 마음 놓고 이야기한다. 누가 누구를 좋아했다고 공개발언을 해도 당사자는 부인하지 않고 미소만 짓는다. G 군과 S 양 두 친구가 원두막에서 몰래 만나는 것을 직접 보았지만 여태 폭로하지 않았다고 제법 의리 있는 남자인 양 너스레를 떠는 친구도 있다. 어느 친구는 연애 쪽지를 상대 여학생 책갈피에 슬쩍 넣었는데 그만 다른 여학생이 읽어 보는 바람에 졸업할 때까지 놀림감이 되었다고 울상이다. 동창생끼리 결혼한 두 친구는 동창회에 빠지지 않고 꼭꼭 나오면서 "우리 두 사람 사귀는 것 몰랐지?" 하면서 천생연분을 자랑한다.

초중고, 대학을 막론하고 동창회 모임은 각자 과거사를 숨김없이 풀어놓는 비밀 폭로장이다. 마치 정부 공문서 비밀 보관기간이 지나 과감히 공개하는 것 같다. 비록 개인의 사적인 비밀이라도 젊은 시절에는 프라이버시가 걸린 사건이라 발설하기가 쉽지 않지만, 이제 모두들 은퇴한 신세로 모이는 동창회는 가려진 장벽이 벗겨져 허물없이 털어놓는다. 유명 정치인이 회고록을 쓰는 것처럼 지나간 과거사를 말로 때우는 회고록이다. 어디까지가 진실인지 검증할 방법도 없지만 허무맹랑한 소설 스토리는 아닌 것 같다. 얼마든지 가능한 이야기고 그럴싸한 내용이니 듣기만 해도 웃음이 절로 나온다.

나에게도 여자 동창생과의 아리송한 관계가 몇 건 있다. 이미 동창회에 알려진 것도 있지만 아직 발설하지 않은 분홍색 사연을 가슴에 묻어두고 있는 것도 있다. 중학교 때, J 양이 십여 명 여학생 중에서 가장 예뻤다. 남몰래 사귀고 싶었지만, 담임 선생님의 여동생이라 오빠에게 일러바쳐 혼을 낼까 봐 아무 말도 꺼내지 못하고 늘 그녀의 아리따운 자태를 눈여겨 살펴보기만 했다. 큰 결심을 하고 처음으로 연애편지를 써서 그녀에게 건네주고 답장을 애타게 기다렸으나 아무

반응이 없었다. 그것으로 나의 일방적인 짝사랑은 끝이 났다. 먼 훗날 동창회에서 다시 만났을 때 왜 답장을 아니 주었느냐고 물으니 오빠가 무서워서 하지 못했다고 한다.

고교 동창생인 M 양과의 관계는 지금껏 누구에게도 말하지 않고 있는 비밀이다. 그녀의 입장을 고려해서 여태껏 동창회에서는 입을 떼지 않고 참아왔다. "임금님 귀는 당나귀"라고 외친 설화처럼 대나무밭이 아닌 이 글에서 드디어 이실직고以實直告 한다. M 양은 미모에 노래와 붓글씨도 잘 쓰는 재원才媛으로 학교 때는 인기가 많아 남학생들이 그녀와 어울리기를 좋아했다. 졸업 후 오랜 세월 잊고 살다가 일산에서 우연히 만났는데 배우자와 일찍이 사별하고 독신으로 지낸다고 하였다. 그 당시 나도 배우자를 잃은 슬픔을 잊으려고 일 년에 몇 번씩 세계 여러 나라를 여행하고 다닐 때다

그녀에게 유럽여행을 함께 하자고 제안했더니 망설이지 않고 승낙한다. 반 농담으로 제안한 건데 의외의 빠른 승낙에 놀랐다. 무엇보다 한 호텔에서 같은 방을 써야 하는데 그것까지 생각하고 승낙하는 건지 도리어 겁이 났다. 같은 방을 쓴다는 것이 무슨 의미인지는 피차가 잘 알고 있는 사실이다. 그만 취소할까 하다가 "한 번 부딪쳐 나 보자"는 심정으로 출발했다. 두 남녀 모두 독신이니 윤리적으로 크게 비난받을 사건은 아니라고 자위하면서도 어쩐지 떳떳하지 못한 불안감이 여행기간 내내 지워지지 않았다.

패키지여행이라 다른 일행들에게는 고교 동창생끼리 교제 중이라고 설명했다. 오해할까 봐 연인 사이처럼 행세를 했더니 젊은 여성들은 보기 좋다고 하면서 오히려 부러워한다. 자기들도 나이 들면 남자 동창생들을 유혹해서 세계여행을 다니고 싶다고 한다.

그녀와 일주일간 한 방에 자면서도 한 번 가볍게 포옹한 것 외에는 더 이상 진도를 자제하고 아예 그녀 침대 쪽으로 가지 않았다. 솔직히 아내로 맞이할 생각은 처음부터 없었기 때문에 끝까지 꼿꼿한 자세를 지켜낼 수 있었다. 그녀는 내가 원한다면 받아들일 각오가 되어 있음을 눈치로 짐작할 수 있었으나 워낙 영민한 여자라 책임을 지라고 덤빌까 봐 두려웠다. 그렇지 않다면 당초 나의 동반여행 제의에 따라나서지 않았을 것이다. 그녀는 자기 기대와 다른 나의 태도에 다소 못마땅한 표정을 지었다.

우리는 그렇게 며칠 밤을 깊은 관계를 맺지 않은 채 여행 자체만을 즐기다가 귀국했다. 어떤 약속도 어떤 책임질 행동도 하지 않았다. 동창생들이 이 사건을 알면 "누가 너의 말을 믿겠냐"며 윽박지르겠지만 결단코 거짓말이 아니다. 그 후 그녀를 다시 만났을 때, "우리는 마지막 선을 넘지 않아서 좋았다."고 하였지만, 마음속으로는 바보 같은 친구라고 욕하는 소리가 귓전에 들리는 것 같았다. 만약 분위기에 휩싸여 남자의 욕심을 채웠다면 그 뒤 사태는 어느 쪽으로 흘러갔을까. 지금 생각해도 아찔하다.

대학 동창생인 K 양은 내가 상배喪配를 하고 독신으로 있을 때, 그녀 역시 배우자와 헤어져 피차 외로운 처지에 있었다. 고운 자태에 마음이 끌렸다. 강화도로 드라이브 데이트를 다녀와서 일산집에 계신 어머니에게 인사를 드렸더니 딱 어울린다고 하시면서 "이제 너의 짝을 찾았으나 안심하고 눈을 감을 수 있겠다"고 하셨다. 어머니 말씀에 용기를 내어 한집에서 살아보자고 정식으로 프러포즈를 했다. 추억을 공유한 원효로 3가 체신대학 인근 조용한 찻집에서다.

확실한 대답을 기다리는 나에게 알 듯 말 듯한 표정으로 "지금은 아니고 노경老境이 되면 그때 각자 오천만 원씩 가지고 실버타운에 들어가자"고 한다. 면전에서 박대하기 어려우니 에둘러 거절의사를 표현한 것으로 판단하고 단념해 버렸다. 친구에게 그대로 알렸더니 그녀 말의 숨은 뜻은 반승낙을 한 건데 바보같이 "왜 대시dash를 하지 않았느냐"고 핀잔을 준다. 얼마 전 동창회 모임에서 이제는 진심을 밝히겠지 하는 생각에 그녀에게 속마음을 솔직히 말해보라고 했더니 알 듯 말 듯한 표정으로 미소만 짓는다. 결국 맺어질 뻔한 인연을 우물쭈물하다가 놓치고 말았다.

한 세상 살면서 세 사람의 중·고·대학 여자 동창생들과 있었던 남다른 사연을 모두 실토하고 나니 가슴이 후련하다. 로맨스라고 미화할 것도 없지만 동반자가 될 뻔한 그녀들과의 관계는 내 인생살이의 방향을 돌려놓은 특별한 사건임에는 틀림없다. 그리운 친구 J 양, K 양, M 양아! 지금쯤 잘살고 있겠지. 그대들을 만나 즐거웠고 함께 쌓은 소중한 추억을 잊지 않겠다. 같은 하늘 아래 살면서 그대들도 나와의 관계를 잊어버리지 않고 어느 날 문득 생각날 때면 빙긋이 웃고 있으리라.

# 살인 미소

초로初老의 나이에 친구의 소개로 만나 추억의 로맨스를 공유하는 여인이 있다. 중국 국적의 이 여인과는 한중 두 나라를 오가면서 꽤 오랫동안 연애감정을 갖고 데이트를 즐기며 연인과 같은 사이로 지냈다. 흔히 말하는 플라토닉 러브라고 미화할 것까지는 없지만 정신적으로 서로 좋아하고 평생 잊을 수 없는 추억을 쌓았다. 그 추억은 우리 민족의 성역인 백두산에서 처음 시작되었다.

백두산은 민족의 영산이다. 건국신화의 배경으로 숭앙받는 신령스러운 산이다. 우리 국토의 여러 산 중에서 제일 높고, 지리산까지 이어지는 백두대간의 기본 산줄기가 시작되는 곳이다. 1년 중 8개월이나 흰 눈으로 덮여 있어 '흰머리 산'이란 뜻의 백두산白頭山으로 불리게 되었다고 한다. 해발 2,275m 산 정상에 위치한 천지天池는 그야말로 하늘에 있는 호수다. 수심과 수량이 엄청나 드넓은 중국 땅에도 이렇게 깊은 호수는 없단다. 송화강, 압록강, 두만강의 발원지로 마치 깨끗한 정화수를 머리에 이고 일 년 내내 나라의 융성을 기원하는 민족의 성지聖地와 같은 곳이다.

누구나 백두산에 올라 천지를 한 번이라도 봤으면 하고 소원하지만, 힘들게 백두산에 올랐더라도 천지 전경을 보기는 쉽지 않다고 한다. 변화무쌍한 기후 때문에 수시로 안개에 덮여 있어 많은 덕을 쌓은 사람에게만 보여 준다는 속설이 있다. 백두산을 다녀온 사람 중에는 두세 번 올라도 천지구경을 못해 아쉬워하는 사람도 있고, 처음 갔는데 완전히 맑게 갠 천지를 보고 왔다고 자랑하는 사람도 있다. 재작년에 남북한 정상이 천지를 배경으로 양손을 치켜 올리는 영상을 TV에서 보았는데 정말 역사적인 장면이었다. 그 장면대로 평화의 시대가 열려 중국을 거치지 않고 백두산에 오르는 관광코스가 개설된다면 얼마나 좋을까.

2002년 가을에 백두산 관광길에 나섰다. 그것도 예쁜 여성 가이드와 함께했다. 수년간 중국 연길대학 초빙교수로 일하던 고향 친구에게 백두산 관광을 단체가 아닌 개인 관광으로 다녀보고 싶다고 부탁했더니 마음에 쏙 드는 그녀를 소개해 주었다. 그는 중국통으로 고향에서 중국대사라는 별칭이 붙었다. 연길공항에서 처음 만난 그녀는 전문 가이드가 아닌 조선족 독신 여인으로 우리말 소통에 아무 문제가 없었다. 나의 외로운 처지를 잘 알고 있는 친구가 특별히 배려해서 아르바이트 형식으로 주선해 주기에 미리 알려준 가이드 비용보다 더 많은 돈을 선불로 지급했다. 당시 한국 원화는 중국 돈의 7배에 상당하는 가치로 교환되던 시기라 기대 이상의 선심에 매우 만족해하는 눈치였다. 내가 선심을 쓴 것은 그녀의 고운 자태에 매료되어 은근히 흑심을 품은 것이 아니냐고 놀려도 할 말이 없다.

초로의 남자와 40대 미모의 여인이 함께하는 백두산 여행은 나의 일생에서 멋진 로맨스가 시작되는 행운의 기회였다. 장백산 호텔에 숙박을 정하고 다음 날 백두산에 올랐다. 행운은 계속되었다. 전경을 보기 어렵다는 넓은 천지 호수가 눈앞에 펼쳐지는 것이 아닌가. 드디어 나도 소원하던 백두산 천지를 바로 눈앞에서 보게 되니 탄성이 절로 나온다. 기념 촬영을 하고 숙소로 돌아왔다. 내일 연길로 출발하면 그녀와의 당초 약속은 끝이 난다. 짧은 일정이 너무나 아쉽게 느껴지는 것은 미인 가이드와 함께한 시간이 꿀맛처럼 달콤했기 때문이리라.

기왕 여기까지 온 김에 그녀와 더 시간을 보낼 수 있는 기회를 만들려고 과감히 집안, 대련, 청도 여행을 계속하자고 제의했다. 세 도시를 선택한 것은 집안은 고구려 수도 국내성과 광개토대왕비 장군총을 탐방하고, 대련은 여순 감옥의 안중근 유적, 청도는 중국의 동쪽 항구를 둘러보고 뱃길로 귀국하는 코스가 알찬 여행이 될 것 같아서다. 나의 돌출 제의에 한참 망설이더니 며칠 더 연장하려면 자기 어머니에게 승낙을 받아야 한다고 한다. 며칠 간의 추가 여행비와 가이드 지급 몫은 염려 말고 꼭 승낙을 받으라고 간청했다. 이미 가이드 경험이 있어서인지 바로 전화 승낙이 떨어졌다.

세 도시 여행 스케줄은 중국어가 능통하고 그곳 사정에 밝은 그녀가 교통, 숙소, 관광지를 꼼꼼하게 체크하여 새로 짰으며, 나는 그녀가 안내하는 대로 따르겠다고 약속했다. 다만 연길, 집안 간은 험지이지만 중국의 오지를 직접 체험하고 싶은 욕심에 시외버스로 장백산 고개를 넘어보자고 했다. 중국문화를 하나라도 더 알고 싶어 하는 나의 요청을 그녀는 흔쾌히 받아주었다. 평균 2,000m에 가까운 높은 산맥을 낡은 시외버스에 하루 종일 흔들리면서 길림성 산촌마을과 농촌의 가을걷이 풍경을 유심히 살펴봤다. 힘든 여정이지만 그녀가 들려주는 중국문화와 역사 이야기가 지루한 시간을 메꾸어 주었다. 처음 들어보는 십전십미十全十美 의미와 모택동의 업적을 공칠과삼功七過三으로 인정하는 중국인의 사상이 돋보였다. 이승만 대통령을 국부로 인정하지 않고 전 정권의 과오만을 들추는 우리의 정치풍토가 과연 바른길인지 한숨이 절로 나온다.

어느 초라한 식당에서 회장실을 찾으니 집 뒤편으로 가란다. 거기엔 이미 소죽통 같은 기다란 간이변기에 여러 사람이 촘촘히 앉아 볼일을 보고 있었다. 마치 참새떼가 전깃줄에 앉은 모양이다. 나도 그들 사이에 끼여 어쩔 수 없이 급한 생리현상을 해결했다. 세상에 살다가 이처럼 하늘이 훤히 보이는 개방된 장소에서 여러 사람이 엉덩이를 드러내고 합동 볼일은 보기는 처음이다. 이 장면 전체를 뒤에서 카메라에 담으면 걸작이 될 것 같아 간신히 웃음을 참았다. 장시간 승차 시간에 참지 못한 승객들은 도로변 아무 데서나 차를 세우고 급한 볼일을 해결한다. 그들 말로 아직 문명되지 못한 사회현상이다.

10여 일간 백두산과 세 도시 관광을 무사히 마치고 귀가했다. 귀국 보고로 친구에게 전화를 했더니 다짜고짜 아무 일도 없었느냐고 묻는다. 합방은 해도 아무런 관계도 없었다고 사실대로 얘기했지만, 그대로 믿지 않고 의심하는 말투다. 사실 그녀는 여러 날 한 방을 같이 쓰면서도 한 번 포옹한 것 외엔 그 이상의 진도를 허락하지 않았다. 귀국 후 국제 편지로 연서에 가까운 글을 여러 통 보냈더니 기다려 달라고 한다. 몇 년 뒤 그녀가 한국에 단기 취업차 왔다면서 전화를 걸어와 반갑게 다시 만났다. 여전히 고운 모습이 재회의 기쁨을 더해 주었다. 특히 웃는 모습이 너무 예뻐 '살인 미소'로 부르겠다고 했더니 아주 좋은 별명이라고 기뻐한다. 제주도, 동해안, 유명관광지로 한국에서의 즐거운 데이트는 계속되었다.

어머니에게 인사를 시켜드렸더니 이놈이 이번에는 제짝을 제대로 찾았는지 나의 눈치를 살핀다. 오랫동안 재혼을 하지 않는 아들이 걱정되어 마지막 여자를 기다리시는 어머니 심정을 나는 잘 알고 있었다. 노모를 모신 독신생활이 힘들고, 나이는 점점 많아져 초조한 나날을 보내던 시기라 그녀가 승낙만 하면 남은 생애의 반려자로 맞이하겠다는 생각을 굳혔다. 피차 비슷한 입장이니 한집에서 살아보자고 속마음을 털어놓았다. 승낙할 줄 알았는데 의외로 거절이다. 교제는 하되 재혼문제는 더 두고 생각해 보겠다는 메모를 남기고 비자가 만료되는 날, 중국으로 돌아가 버렸다. 더 젊은 상대를 찾는 것 같은 눈치가 보여 당연하다고 생각하면서도 나이가 많은 것이 한스러웠다. 그 후 여러 번 통화를 시도했으나 받지 않았다.

몇 년의 세월이 흐른 뒤 나의 프러포즈를 받아들여 한국으로 오겠다고 전화로 알려 왔으나 그때는 이미 나는 다른 여인과 재혼한 상태였다. 자초지종을 이야기했더니 “너무 버티다 좋은 반려자를 놓쳐버렸네요” 하면서 울먹인다. 잡는 손을 뿌리칠 때는 야속한 마음도 있었지만 늦게나마 진심을 보여주는 그녀가 오히려 가엽게 여겨져 앞으로 살아가는 동안 좋은 친구로 만나자고 위로의 말을 전했다. 남자의 마음을 흔드는 그녀의 살인 미소만은 오래도록 기억에 남아 잊히지 않는다.

# 네 죄를 네가 알렷다

KT 본사 전화사업 국장 시절에 있었던 일이다. 직속 상사인 본부장의 부름을 받고 방으로 들어가니 평소와 다른 싸늘한 표정이다. 무슨 심각한 문제를 꺼내려는 듯한 불안한 분위기다. 한참 동안 말이 없다가 어렵게 입을 뗀다. "이 국장, 서울 시내 가고 싶은 전화국이 있으면 말해보세요." 한다. 드디어 "올 것이 왔구나." 단번에 좌천左遷 인사 통보란 사실을 알아차렸다. 어느 정도 구두 경고는 예측하고 있었지만, 현업으로 나가라고 할 줄은 미처 몰랐다. 그다음 말은 물어보지 않아도 뻔하다. "네 죄를 네가 알렸다"는 말이 곧 튀어나올 것만 같았다.

갑자기 가슴이 먹먹해지고 가혹한 조치란 생각이 들어 아무 말도 할 수가 없었다. 한참 뒤 목멘 소리로 조용히 한마디 했다. "사장님 뜻입니까?" 했더니 "그런 건 물어보지 마세요." 한다. 본사 국장 인사는 본부장과 사장이 인사권자이니 두 분의 의견이 일치된 것인지 궁금해서다. 본부장이 사장님께 책임지겠다고 사정을 하면 자리를 유지할 수도 있겠지만 평소 본부장께 미리 말씀드린 일도 없고 잘 보필하지도 못했으니 이미 엎질러진 물이라 단념하고 억울하다는 생각을 접기로 했다. 집이 있는 일산으로 직장을 선택하고 본사 빌딩을 떠났다.

이렇게 나는 본사에서 밀려나 더는 승진할 수 있는 기회를 잃었고 현업 여러 곳을 전전하다가 퇴직했다. 본사 국장 자리에 오르기까지 얼마나 많은 고초를 겪었던가. 감독관청 과장과 멱살잡이까지 하면서 뒤늦게 국장 승진 후 본사 요직에 어렵게 발령받아 희망에 부풀었는데 2년 만에 쫓겨난 셈이다. 내가 본사에서 쫓겨난 내막은 전적으로 여자 때문이다. 첫 아내와 사별하고 외로운 독신 신세가 되었을 때 우연히 한 여자를 만나 데이트를 하게 되었다. 그 여자와 차츰 가까워지면서 주말이나 공휴일에 국내외 여행을 자주 하고 급여의 대부분을 탕진했다. 직장 일에 열중하지 못하고 시계만 쳐다보며 퇴근 시간을 기다리는 나의 태도를 어느새 부하 직원들이 눈치를 챘을 것으로 짐작된다.

나의 이러한 태도를 감사실은 어디에서 정보를 들었는지 지금까지 알지 못하지만, 정보 제공자는 나에게는 한없이 미운 존재다. 이 일로 줄곧 수직垂直으로 상승하던 나의 직장생활은 하향길로 접어들었다. 나중에 감사실에서 나에게 귀띔해 준 사실은 사장님께서 내사결과를 이미 보고 받고 불문不問하라고 하셨는데도 인사 조치를 내렸으니 공직사회가 참으로 냉정한 조직임을 절실히 느꼈다. 공직자에게는 품위 유지 의무가 있고, 이를 어기면 징계 사유가 된다. 나의 경우는 배우자를 잃은 상태에서 불륜을 저지르는 것도 아니고 독신 남녀의 자연스런 데이트이므로 품위 유지의무를 꼭 어겼다고 볼 수 없는데도, 인사권자는 나의 어려운 처지를 고려하지 않은 것 같다. 고위공직자일수록 처신을 더욱 조심해야 하는 것은 당연한 요구이지만, 사실 품위 유지의무란 것이 이현령耳縣鈴 비현령鼻縣鈴이다. 그 기준은 결정권자가 해석하기 나름이다. 만약 그때 그 여자를 만나지 않았다면 보다 직장일에 충실하여 상사의 신임을 받고 감사실 조사도 받지 않았을 텐데 지금 생각하면 후회막급하다. 자업자득으로 나의 관운이 정점에서 내려오고 있다는 생각에 마음을 비웠다. 이런 사정을 알지 못하는 동료 직원들이 왜 승진을 기다리지 않고 자진해서 현업으로 나가느냐고 안타까운 표정을 지을 때 눈물이 왈칵 솟았다. 지금도 광화문 KT 빌딩 앞을 지나갈 때면 6년간 부장, 국장으로 보낸 세월이 주마등처럼 스쳐간다.

아내가 느닷없이 정곡을 찌르는 질문을 던진다. “당신 친구는 본부장, 청장, 시장, 도지사를 거쳤는데, 당신은 왜 국장으로 끝났어요?” 하면서 아픈 곳을 건드린다. 여자 때문이라고 대답했더니 여자 좋아하다 결국 “국장으로 종 쳤군요.” 하면서 조롱하는 표정이다. 한술 더 떠서 대학 동기 모임에 나가 출세한 사람들 면면을 살펴보겠다고 한다. 나의 콧대를 눌러보겠다는 심사다. 그냥 한번 해보는 소리겠지만 기분이 좋지 않아 “그런 소리 하지 마, 나는 지금 국장보다 더 높은 회장이야." 했더니 "무슨 회장인데?" 하기에 "초등학교 동창회장이다." 하면서 목에 힘을 주었다. 아내는 어이없다는 표정이다. 아내 말대로 아무 실속도 없고 알아주지도 않는 동창회장 자리를 나는 오랫동안 봉사하는 마음으로 지킴이 노릇을 하고 있다. 전국에 흩어진 동기생 57명의 주소를 일일이 조사하여 수첩을 만들고, 모임을 주선하고, 매년 모교 총동창회에 참석하여 선배로서의 체면을 지키려 애쓰고 있다. 작년부터는 건강이 좋지 않은 형님으로부터 16가구 회원 수 60여 명의 '우리 가족 친목회' 회장 자리도 물려받았다. 까까머리 친구들과 가장 가까운 형제자매 가족들에게 베푸는 마지막 봉사다.

'주색잡기 패가망신'이란 말을 어릴 적부터 많이 들어왔다. 한평생 살다 보니 틀린 말은 아닌 것 같다. 술 마시고, 여자 좋아하고, 놀음을 즐기면 자신과 집안을 황폐하게 만들고 만다. 인간이 이 세상에 태어나서 해야 할 일 중에 보다 가치 있고, 보람되고, 훌륭한 일들은 무수히 많다. 그럼에도 오직 자신의 쾌락만을 좇아 헤어나지 못한다면 구제 불능 인간으로 낙인이 찍혀 세상 사람들로부터 따돌림을 받고 말리라. 주색잡기를 전연 멀리하고 성인군자처럼 살 수는 없지만, 그 정도가 지나쳐 평생을 그 유혹에 빠져나오지 못하면 패가망신은 당연한 일이다.

최근 어느 시장, 도지사는 여성 문제로 자살하거나 영어의 몸이 되어 세인의 비난을 받고 있다. 하루아침에 평생 쌓아온 명예와 자리를 잃고 말았다. 모두 여자 때문에 생긴 일이지만 그 책임은 전적으로 남자에게 있는 것이지 절대로 상대 여성에게 떠넘길 일은 아니라고 생각한다. 부끄러움을 무릅쓰고 이 글을 쓰는 나 자신도 크게 뉘우치며 스스로 자책하는 마음으로 고개를 숙인다. '상처가 망처'란 말이 나에게는 그대로 맞는 말이 되었다. 상처 후 어쩔 수 없이 새 반려자를 만나려는 과정에서 인사상의 불이익 처분을 받았고, 나의 생각과 타인의 평가가 다를 수 있다는 사실도 절실히 깨달았다. 어쩌다 여러 여성들과 인연이 닿아 격정의 시간을 보낸 그때를 생각하니 후회만 남는다. 이제는 모두 흘러가 버린 시간들, 결코 되돌릴 수 없는 과거의 일이니 타고난 숙명이라 생각하고 안분지족安分知足하는 마음으로 여생을 즐겁게 살아가련다.

# 3

# 만월대의 달빛

# 금강산은 부른다

'금강산 찾아가자 일만 이천봉'으로 시작되는 노래를 가끔 듣는다. 누구나 금강산 구경을 죽기 전에 한 번이라도 갔으면 하고 소원한다. 규모면으로 보면 중국의 황산이나 장가계에 비할 바가 못 되고 남쪽에도 설악산 한라산이 있지만, 금강산의 아기자기하고 오묘한 산세가 우리나라에서는 제일 가는 명산으로 알려져 우리 민족의 가슴속에 그리움의 대상으로 자리잡고 있다.

고등학교 시절 정비석의 『산정무한山情無限』을 읽고 평생토록 금강산 구경을 소원하며 살다가 환갑이 다 된 나이에 드디어 소원풀이를 했다. 그 후 세 차례나 더 금강산을 찾았고 한 번 더 가려다가 2008월 7월 관광객 피격사건으로 중단되어 더 갈 수 없게 되었다. 관광이 중단되기 전에 네 차례나 금강산에 올랐으니 그나마 다행스런 일로 여러 번 찾아간 목적은 1차는 무조건 소원풀이로, 2차는 육로입경 호

기심에, 3차는 내금강 첫 개방 관광 목적으로, 4차는 자가용 입경과 여성 동반 즐거움이 그 이유이다. 5차는 꼭 한번 가보고 싶다는 지금 아내의 소원을 들어주려고 기다리고 있다. 3차 때까지는 첫 아내와의 사별로 독신남獨身男 신세였기 때문에 홀로 여행을 다닐 수밖에 없었고 그때는 외로움을 잊으려고 국내외 여행을 많이 다녔다. 4차 때 동반 여성도 해외 여행길에서 만나 친분을 이어온 사이이다.

1차는 1998년 11월 18일 첫 관광유람선인 금강호에 승선하여 동해항을 출발했다. 남한 관광객 826명이 분단 50년 만에 처음으로 북한 땅을 밟는 실로 역사적인 날이었다. 북한 영해를 피하느라 공해에서 선상 1박 후 다음 날 아침 장전항에 내렸다. 선상 숙박 시간은 유홍준 교수의 강연과 연예인 공연, 송해의 금강산 노래자랑 시간으로 지루하지 않았고, 첫 출항이라 정주영 회장도 동승했다. '아는 만큼 보인다.'는 유 교수의 명언이 오래도록 기억에 남는다. 송해의 노래자랑 순서에 「고향설」을 신청했다가 전국 방송이라 마지막에 취소해 버렸다. 현직에 있을 때라 방송을 본 직장상사가 보고하지 않고 몰래 갔다고 질책을 할 것 같아서다. 다음 날 온정각에서 버스로 이동하면서 신계사, 상팔담, 구룡폭포, 만물상, 천선대, 해금강, 삼일포를 관광했다. 저녁에는 문화회관에서 평양모란봉교예단의 공연과 금강산 호텔에서 북한식 쇼 공연을 관람했다. 멋진 춤과 꾀꼬리 같은 노래로 감흥을 돋우었는데, 정치색을 배제한 「두만강」, 「나그네 설움」, 「고향의 봄」 가요를 함께 따라 불렀다. 말로만 듣고 그림으로만 보던 금강산을 직접 보니 과연 명산이구나 하는 느낌을 받았다.

2차는 2003년 3월 육로관광이 처음으로 개방되어 1차 때 겪었던 선상숙박 불편을 덜고 버스로 직접 북한 땅으로 들어가 1차와 같은 코스의 관광을 했고, 이틀간의 숙박은 장정항 부두에 임시 정박한 해금강 호텔에서 특별한 경험을 했다. 새로 문을 연 식당에서 싱싱한 회 요리로 저녁식사를 푸짐하게 먹은 후 문화회관에서 '남진쇼'를 관람했다. 다음 날은 구룡연을 다녀와 대형 온천탕에서 피곤한 몸을 풀고 새로 문을 연 옥류관에서 평양냉면을 맛봤다.

3차는 2007년 6월 내금강이 처음 개방된다는 뉴스를 듣고 바로 접수를 했는데, 금강산 3강 중 1, 2차 외금강, 해금강만의 관광에서 내금강을 보지 않고는 금강산 관광을 자랑할 수 없다는 북한 안내원의 설명을 들었기 때문이다. 내금강은 약간 높은 비포장 고갯길을 넘어 북한 땅 내륙으로 깊숙이 들어가므로 헐벗은 산하와 가난한 농촌 실상이 그대로 노출되어 그동안 북한 측에서 개방을 주저한 것 같다. 처음 본 내금강은 표훈사, 삼불암, 보덕암, 만폭동, 묘길상 등 너무나 아기자기한 절경에 금강산관광의 진수를 느낄 수 있는 멋진 코스였다. 그래서 외금강은 남성적이고 내금강은 여성적이라고 불린단다.

마의태자 능과 비로봉 정상은 개방되지 않아 다음 기회로 미루고 발길을 돌렸다. 돌아오는 버스 안에서 북측 안내양이 고운 목소리로 "반갑습니다"를 부르기에 나는 「고향의 봄」을 합창하자고 제안해서 버스 내 40여 명 모두 "나의 살던 고향은…." 하고 부르고 나니 왠지 가슴이 뭉클해지는 느낌이 들었다. 금강산 4대 사찰인 신계사, 표훈사, 장안사, 유점사 중에서 표훈사만 남아 있고 장안사는 한국전쟁 당시 완전히 불타 버려 덩그러니 빈터만 남아 있었다.

4차는 2008년 6월 개인별 승용차 입경관광이 처음으로 개방되었다. 혼자 떠나기가 너무 아쉬운 마음에 필리핀 세부여행에서 만난 예쁜 낭자에게 과감히 동반여행을 제안했다. 여행비 부담, 호텔 룸 2실 예약, 신사도紳士道 약속 세 가지 조건을 제시하고 동의를 받았다. 약속을 잘 지켰고 1, 2, 3차 때와는 달리 낭자와 함께한 즐거운 여행으로 정말 멋지고 잊지 못할 추억을 남겼다. 신라 화랑도들이 너무 경치가 좋아 3일 동안 머물렀다는 삼일포 언덕에서 손로원 작사 '마의태자' 노래를 낭자에게 들려주었다. 천 년을 지탱해온 망국의 마지막 왕자는 베옷 자락 원한을 가슴에 묻고 금강산 비로봉에 잠들어 있었다. 금강산 최고봉인 비로봉에 올라 동해바다와 만물상 장관을 굽어보며 마지막 소원풀이를 하고 싶지만, 그날이 언제 오려나 하염없이 세월만 흘러간다.

금강산의 매력은 빼어난 경치뿐 아니라 신성한 영산靈山처럼 느껴지는 마력에 있다. 알 수 없는 마력으로 사람들을 잡아당기는 기운이 있어서인지 지난 10년간 금강산을 찾은 남쪽 관광객이 200만 명에 이른다고 한다. 누가 강제로 오라고 하지 않는데도 나 스스로 네 번씩이나 찾아갔으니 아무래도 보이지 않는 무슨 힘이 작용하는 것은 아닌지 모를 일이다. 한국 무속인들이 집단으로 몰려가 작두춤을 추면서 내림굿을 했다니 그들도 금강산이 영험한 산임을 인정하는 모양이다. 봉우리마다 골짜기마다 전설과 설화가 전해지고 있어 바윗돌 하나 소나무 한 그루도 예사롭게 보이지 않는다.

중국 송대 최고 문장가인 소동파蘇東波는 고려국에 태어나 금강산을 한 번 보는 것이 소원願生高麗國一見金剛山이라고 하였다. 1926년 스웨덴 국왕 구스타프 6세가 왕세자 시절 금강산을 방문하고 "하느님은 세상을 창조할 때 하루는 금강산을 만드는 데 썼을 것이다."라고 감탄사를 남겼다. 영국 작가로 평생 명승지를 찾아다닌 비숍 여사는 "아! 나는 그 아름다움, 그 장관을 붓끝으로 표현할 자신이 없다. 여기가 바로 약속의 땅"이라고 감탄했다. 금강산의 아름다움에 기가 질려버린 그녀의 예찬이 이렇다면 장전항에 세워진 '천하제일 명산 금강산'이란 광고판 문구기 과장된 것은 아니리라.

금강산 예찬은 끝없이 이어진다. 역대 왕조로부터 오늘에 이르기까지 수많은 문인, 화가, 묵객들이 다투어 극찬하는 작품을 남겼다. 우리가 익히 알고 있는 최치원, 김시습, 양사언, 황진이, 정선, 김병연, 허균, 최남선, 이광수, 한용운, 이은상, 정비석 등은 모두 금강산 비경에 취한 유명 인물들이다. 그들은 마치 금강산이 없었다면 이 땅에 태어난 의미가 없는 양 세상에 아름다운 말들을 모두 쏟아부어 글로 쓰고 시로 읊고 그림으로 그려냈다. 방랑시인 김삿갓은 계절마다 찾으면서 많은 시를 지었다. 그러나 사계절의 금강산 풍광은 천千의 얼굴, 만萬의 모습으로 변화무쌍하여 아직도 만족한 수준에 이르지 못하고 그 끝은 어디까지인지 알 수가 없다. 조수미 신영옥이 부르는 「그리운 금강산」을 들으면 전율이 느껴진다.

금강산의 또 다른 이름은 계절마다 다르다. 봄에는 금강산金剛山, 여름에는 봉래산蓬萊山, 가을에는 풍악산楓嶽山, 겨울에는 개골산皆骨山이다. 이처럼 계절마다 달라지는 금강산의 절경은 평생 동안 수없이 찾아가도 그때마다 새로운 느낌으로 다가온다. 어느 때 찾아가도 가슴에 감동을 안긴다. 만물상의 기기묘묘한 일만 이천 봉우리는 누가 처음 세어 보았을까. 혹시 그중에 나를 끌어들인 봉우리도 있지 않을까. 5차 방문이 이뤄지면 눈여겨 살펴봐야겠다. 다시 찾아오라고 금강산은 부른다.

# 대마도對馬島

대마도는 원래 우리나라 영토로 한국 역사의 한 페이지에 뚜렷하게 기록으로 남아 있다. 그럼에도 현재는 일본 통치권내에 있어 여권을 가지고 지문, 영상까지 찍으며 입국절차를 거쳐야 하니 속이 뒤틀린다. 언제고 다시 찾아야 할 우리 땅임을 이번 여행에서 분명히 확인하고 다음 세대를 이끌어 갈 청소년들에게 역사적 진실을 알리고 싶은 절실한 마음에서 이 글을 적는다.

우선 거리가 일본보다 한국이 더 가깝다. 부산항에서 대마도까지는 49.5km로 제주도와 비슷하고 일본 본토와는 132km이다. 한 시간이면 도착하는 가장 가까운 외국이다. 면적은 제주도의 반도 채 되지 않는 작은 섬으로 거의 산림지역이 차지하고 있어 농경지를 볼 수 없는 척박한 땅이다. 이러한 지리적 여건 때문에 식량이 부족한 원주민들은 멀리 떨어진 본토보다는 가까운 한국에 예속隷屬되어 살아온 역사가 유구하다. 사이가 좋으면 무역상으로, 관계가 허술하면 왜구로 돌변하여 노략질을 일삼았다. 조공과 화친과 침략의 역사가 반복되어 왔다.

고대부터 대마도에는 한국인이 건너가 살았고 지명도 마한馬韓과 마주한 땅이라 하여 대마도對馬島로 명명하였다는 기록이 중국 사서인 위지魏志에 있으나 일본은 말馬 모양의 두 개의 섬이 마주하고 있다는 의미로 해석한다. 1419년 세종 때 이종무는 왜구의 근거지인 대마도를 정벌하고 도주島主로부터 신하의 예와 조공을 약속받고 경상도 계림으로 한국령에 예속시켰다. 이때를 기해동정己亥東征으로 『세종실록』에 기록하고 있으며 세종대왕은 '대마도는 본래 우리 땅이다.'라고 선언하였다對馬島本是我國之地. 이후 대마도는 조선의 통치권에 편입되어 조선 국왕이 관직을 내려주고 통상과 평화의 관계로 전환되었다.

1488년 명나라 사신 동월이 황제의 명을 받아 조선 땅을 둘러본 뒤 작성한 견문록인 '조선부'의 조선팔도총도에는 울릉도와 대마도가 조선의 영토로 표시되어 있다. 1530년 조선 중종 때 만든 팔도총도와 명종때 제작된 조선 방역지도에도 조선의 영토로 분명히 표시되어 있다. 1750년대 제작된 '해동지도'에 '백두산은 머리고 대관령은 척추며, 영남의 대마도와 호남의 탐라를 양발로 삼는다.以白山爲頭 大嶺爲脊 嶺南之對馬 湖南之耽羅 爲兩趾'라고 하였다. 우리 국토를 얼마나 멋지게 표현한 글귀인가. 1756년 일본 지리학자가 제작한 대마여지도에도 조선 땅으로 적혀있고, 1790년에 이탈리아 지리학자가 '일본과 한국'이란 지도에도 조선 본토와 같은 황색으로 표시하였다. 국제 공인지도뿐 아니라 예전에 조선과 일본에서 만든 지도에도 대마도가 조선 땅이라고 표기한 기록들이 계속해서 발견되고 있다. 이처럼 역사, 지리, 문화, 국제법상으로 명백한 우리 고유의 영토임이 부인할 수 없는 사실임에도 일본은 이를 은폐하려 하고 있다.

대마도에 무수히 많은 우리 역사유적들을 주마간산走馬看山격으로 돌아보면서 우수한 우리의 문화가 그들에게 전승되어 꽃을 피웠다는 사실을 현존하는 유물과 사적史蹟만으로도 충분히 확인할 수 있었다. 천 년 이상 역사를 지닌 고대 신사가 이십여 곳이나 되고 여기에 보존된 삼국시대, 고려, 조선시대의 수많은 우리 문화재가 고스란히 향기를 뿜어내고 있었다. '다구즈다마' 신사의 통일신라 금동여래입상, 고려 관음보살좌상은 일본 정부가 지정한 국보이다.

'고려문高麗門'은 1429년 세종 때 대마도 사람들이 조선통신사를 처음 맞이하던 문이다. 조선통신사는 양국의 평화구축과 문화교류사절로 한양에서 도쿄까지 정사를 비롯한 4~5백 명의 행렬이 6개월에서 1년 가까이 이동하는 광경은 장엄하기 이를 데 없었다. 조선 후기 200년 동안 12회에 걸쳐 이들 통신사들이 남긴 유형무형의 행적은 지금도 일본 각지에 역력히 남아 있으며, 2017년 유네스코에 조선통신사 기록유산으로 등재되었다. 조선 세종 때 통신사로 계해조약을 체결한 이예李藝의 공적비와 선조 때 통신사인 김성일비가 세워져 있었다. 조선통신사가 묵었던 국분사에는 을사늑약 초안을 작성한 '후쿠본쇼타로'의 묘가 있고, 묘비 글씨가 을사오적 이완용의 친필로 쓰여 쓸쓸한 여운을 남겼다. 대마도주와 정략 결혼하여 비운의 일생을 마친 고종황제의 딸 덕혜옹주의 '결혼봉축비'가 현지 한인들의 성금으로 세워졌다.

1703년 조선역관 108명을 태운 선박이 대마도에 입항하다 침몰하여 전원 사망한 사건이 일어났는데, 이들의 넋를 기리는 '조선역관순난지비朝鮮譯官殉難之碑'가 한국 전망대에 세워져 있어 잠시 묵념을 올렸다. 신라 왕자를 구출하고 자신은 일본에서 처형된 박제상의 순국비가 세워졌고, "내 목은 자를지언정, 내 머리털은 자를 수 없다."고 단발령을 끝까지 거부하다 대마도에 볼모로 잡혀 와 사망한 조선의 마지막 선비 최익현의 추모비가 수선사에 세워졌다.

대마도의 운명이 바뀐 것은 양다리를 걸쳤던 대마도주가 임진왜란을 겪으며 일본 쪽에 편승했기 때문이다. 1870년대 구한말 시대에 일본이 일방적으로 나가사키현에 편입하면서 완전히 일본화되었고 지금까지 실효지배하고 있다. 일본은 포츠담 선언에서 불법으로 소유한 영토를 반환하겠다고 했기 때문에 국제법적으로도 우리에게 돌려줘야 함은 당연하다. 1948년 8월 18일 대한민국 건국 사흘 만에 이승만 대통령은 '대마도반환 촉구성명'을 발표하고 이듬해 1월에는 도둑맞은 우리의 섬 '대마도를 즉시 반환하라'고 연두 기자회견을 했다. 국회에서 대마도 속령과 결의안을 만들고 한국전쟁 전까지 무려 60여 차례나 반환 요구가 이어졌다. 당황한 일본은 '임나일본부설'을 급조하여 회피하다가 한국전쟁으로 쾌재를 불렀다. 이승만의 대마도 요구에서 벗어나고 전쟁특수로 경제대국 발판을 거머쥐고 보니 "김일성이 일본을 살렸다"고 하며 환호성을 질렀다고 한다.

우리 정부는 이승만 대통령의 탁월한 외교식견을 계승하여 지금부터라도 그들이 가장 두려워하는 대마도 반환문제를 한일외교의 최대 현안과제로 삼아 우리의 주장을 똑똑히 각인시켜야 한다. 독도를 빼앗으려는 그들에게 소탐대실小貪大失의 패배를 안겨주면 국익을 도모할 수 있는 최고의 외교정책이 되지 않겠는가. 3.1운동 100주년에 즈음하여 '우리 땅 되찾기 운동'이 불길처럼 일어나면 마지막 애국하는 길에 남은 열정을 불태우고 싶다.

대마도에 산재한 우리 역사유적과 한국 영토를 입증하는 관련 자료들을 일본 정부가 폐기, 은폐, 조작, 왜곡하려는 움직임이 지금도 진행 중이어서 한국 여행객이 마음을 더욱 아프게 한다. 올해 개관하는 현립박물관을 본토 현縣소재지에 세우지 않고 작은 외딴섬 대마도에 건립하는 의도가 우리 유적과 문화를 일본문화로 채색하려는 저의가 아닌지 의심스럽다. 거주 인구가 3만에 불과한 대마도에 10배가 넘는 한국관광객이 방문하면서 관광특수로 섬 전체가 활기로 넘쳐나자 "한국이 대마도를 접수했다."라고 호들갑을 떨고 있다. 일부 언론에서는 '대마도위기론'을 쏟아내고 산케이 신문은 '쓰시마(對馬) 한국화 가속'이라는 기사에서 한국 자본에 의한 부동산 매수 열풍이 이어지고 있다고 게재하고 있다. 대마시 중심 이즈하라항 부근에 '대마도는 일본땅'이란 유치한 안내판도 세웠다. 도둑이 제 발에 저려 안달하는 꼴이다. 한국에서 유적지에 옮겨 심어 잘 자라던 무궁화를 모두 뽑아버리고 일본산 삼나무로 가려 버렸으며, 백제에서 유래한 수령 1500년 은행나무 안내판을 백제라는 단어를 빼고 새 표지판을 세우는 치졸한 작태가 울분을 자아내게 한다.

광복 70년 세월이 흘렀건만, 건국 초에 반짝하고는 지금까지 역대 정권이 단 한 번도 일본 정부에 대마도 반환을 외교 현안으로 내세운 적이 없다. 일본은 엄연히 우리 영토인 독도를 자국 현에 편입하여 독도의 날을 제정하고, 교과서에 실어 어린 학생들에게 가르치고 있다. 일본의 속셈이 대마도를 빼앗기지 않으려는 고도의 전략이라면, 우리 정부도 이에 맞대응하여 똑같은 방법으로 일본에 대한 압박전략을 펴야 한다. 대마도 반환을 국제사회 이슈로 부각시키고, 동해처럼 분쟁지역으로 만들어 총성 없는 외교전쟁에서 이겨야 한다. 대마도를 다시 찾아 제주도와 함께 남쪽 바다에 두 발로 우뚝 선 우리 국토의 청사진을 머릿속에 그리며, 아쉬움을 뒤로 하고 부산항으로 돌아왔다.

# 장강만리長江萬里

2018년 10월의 마지막 밤을 중국의 장강 크루즈선상에서 보냈다. 이날 밤을 유달리 기억하는 것은 아마도 가수 이용의 「잊혀진 계절」 가사 때문이리라. 마침 동승한 김동길 교수의 애창곡이라고 하기에 반주도 없이 불러드렸더니 중국 돈 백 원을 노래 값이라고 주신다. 뜻밖의 호의에 우쭐한 기분으로 남인수의 「추억의 소야곡」을 한 곡 더 부르고 말았다. 장내 수백 명의 여행객들이 모두 박수로 화답한다. 반이 넘는 외국인들까지 즐거운 표정이다. 한국의 대중가요가 그들에게도 흥을 돋우는 모양이다. 함께 어울려 즐기려는 여행객의 기대를 부추긴 셈이다.

졸수卒壽를 넘긴 노 교수의 특강은 여행객의 가슴에 큰 울림을 남겼다. 「인생은 사랑이다」란 강의 주제가 시니어들에게 삶의 의미를 일깨워주는 명언으로 들린다. 장강에 배를 띄우고 인생을 사색해 보는 분위기가 잠시나마 시선詩仙의 경지를 느끼게 한다. 수천 년 중국 역사가 고스란히 숨을 쉬고 있는 장강 물결 위에서 수많은 영웅호걸과 시인 묵객들이 남기고 간 영욕의 발자취가 깊은 사념에 빠져들게 한다. 조용히 눈을 감고 명상에 잠긴다.

명상에서 깨어나 강 양쪽 주변을 살펴보니 오늘의 중국 발전상이 한눈에 들어온다. 대도시의 높은 빌딩과 수많은 물류이동 선박들이 G2의 위세를 과시한다. 장강만리 마지막 도시인 상해 푸동지구의 눈부신 경관은 상전벽해桑田碧海가 되었고 뉴욕의 맨해튼을 연상케 한다. 짝퉁이나 만들던 옛날의 중국 이미지를 벗어나고 있다. 짝퉁은 더 이상 중국에서 찾아보기 어렵다고 현지 안내원이 설명한다. 발전 속도가 압축된 장강만리 십여 개 도시들을 돌아보면서 한국을 추월하는 시기가 코앞에 닥쳐왔다고 여행객 모두가 불편한 심정을 토로한다.

장강은 티베트고원에서 발원하여 상해까지 장장 6,397km를 흐르는 세계에서 세 번째이고 아시아에선 가장 긴 강이다. 강 길이가 만 리가 넘으니 만리장성과 함께 중국의 드넓은 국토를 짐작게 한다. 오랫동안 학교에서 읽혔던 실제 양자강은 상해에서 남경까지이고 거슬러 올라가면서 심양강, 형강, 천강, 금사강, 통천하, 퉈퉈하, 당웅하의 여덟 개 강 이름으로 나누어진다. 이 강은 상업도시인 상해, 남경과 공업도시인 성도, 우한 중경 등 중국의 심장부 10여 개 성과 시, 자치구를 통과하면서 중국 경제의 생명줄과 같은 역할을 하고 있었다. 예로부터 '장강을 지배하는 자가 천하를 지배한다.'는 격언이 전해질 정도로 중국 역대제국의 흥망성쇠 역사가 모두 장강의 강물 속에 묻혀 흘러갔다. 세월의 흐름에 따라 세대교체가 불가피하다는 의미로 '장강의 뒷 물결이 앞 물결을 밀어낸다.長江後浪推前浪'는 명언이 널리 인용되고 있다.

이번 여행코스는 상해에서 크루즈선이 항해할 수 있는 중경까지 약 6천 리를 십여 일간 여행하였다. 상해, 태주, 양주, 경덕진, 호북성, 형주, 이창, 신녀계, 석보채, 중경, 성도를 하루 한 지역씩 돌아보면서 그 지역의 역사와 문물을 눈여겨 살펴봤다. 장강 뱃길 따라 관광지로 알려진 곳이라 볼거리가 넘쳐나지만, 안내원의 설명만으로 대신하는 지역이 많았다. 곳곳에 삼국지 역사와 인물, 역대 왕조의 유적이 수없이 널려 있었으나 짧은 일정으로 그들의 문화와 역사를 자세히 탐색할 수는 없었다. 도자기의 고장 경덕진, 이백의 시로 유명한 황학루, 삼국지의 주 무대인 백제성과 형주고성, 호북성 동호산책, 중국 10위안짜리 화폐 배경이 된 선녀계, 장강삼협의 진주 석보채, 성도의 무후사 유비묘역 등을 주마간산 격으로 둘러봤다. 양주에는 일찍이 당나라에 유학하여 높은 관직에 올라 중국 황실에 「토황소격문討黃巢檄文」으로 문명을 날린 고운孤雲 최치원의 자취가 곳곳에 남아 있다. 또 『동방견문록』을 쓴 이탈리아 탐험가 마르코폴로의 동상이 이채로웠다. 조선 초 이성계의 고명告命을 받고 명나라에 갔던 정총鄭摠이 양자강을 지나면서 읊은 시 한 수를 옮겨본다.

兩岸春旗簇酒樓　강 양쪽 언덕 봄 깃발 휘날리는 술집 즐비한데

數聲柔櫓過滄洲　유유히 노 젓는 소리를 들으며 창주를 지나가네
白鷗也識忘機客　흰 갈매기 객실 잃고 헤매는 사람을 알아보고
故故飛來近葉舟　이따금 잽싸게 날아와 일엽편주에 다가서네

상해 중경 두 도시는 대한민국 임시정부가 있었던 역사의 현장이다. 1919년 3.1만세운동을 계기로 상해에서 임시정부가 수립되어 대한민국이란 국호가 처음 시작되고 13년간 독립운동의 구심점 역할을 하였다. 홍구공원에서 윤봉길 의사의 폭탄 투척사건으로 일제 탄압이 극에 달하자 중국내륙으로 6,000km를 이동하면서도 독립 의지를 꺾지 않았다. 8년간 항주, 진강, 장사, 광주, 유주, 중경까지 고난의 장정시기長征時期를 거쳐 중경에서 5년간 활발한 독립운동을 펼치다 1945년 환국하기까지 26년 동안 우리나라 정부기능의 명맥을 이어왔다. 정부조직이나 헌법이 현대 민주국가의 체제를 온전히 갖추고 있었음이 놀랍고, 조국 광복을 위해 헌신한 선열들의 숭고한 희생정신에 감읍하지 않을 수 없었다. 그로부터 100년이 지나 한가로이 여행길에 들른 후손의 부끄러운 심정을 가눌 수가 없구나. 환국 임정 요인들이 사진으로 남긴 마지막 정부청사 계단에 서니 만감이 교차한다.

가장 관심을 끈 볼거리는 장강여행의 하이라이트인 삼협댐이다. 세계에서 토목공사로는 가장 규모가 크다고 한다. 1919년 손문에 의하여 건설이 구상된 이 댐은 먼저 작은 규모의 갈수댐을 준공하여 수년간 시험과정을 거친 후 1992년에 착공하여 2009년에 준공하였다. 높이 185m, 너비 135m, 길이 2,309m, 최대 저수량 390억 톤으로 미국의 후버댐을 능가하고 소양강댐의 14배나 된다. 장강 중류를 막아

급류 낙차를 줄여 유람선이 중경까지 올라갈 수 있도록 만들었다. 매일 1,800만 kw의 전력을 생산하여 장강 유역 주요 도시에 공급한다. 댐은 5개의 갑문식으로 수위가 높아지면 다음 문으로 배가 이동할 수 있고 하나의 관문을 통과하는 데 40분이 소요된다. 이 댐에 대한 중국인의 여론은 다소 긍정적이긴 하나 댐의 붕괴나 환경문제로 우려의 목소리도 들린다고 한다. 삼협댐을 둘러보면서 과거 금강산댐 대응조치나 대운하 계획이 무산된 우리나라의 사례가 머릿속에 맴돈다. 백년 후를 내다보고 강물을 다스리는 현명한 정책이 나라의 명운을 가를 수 있음을 타산지석他山之石으로 삼을 일이다.

장강 유람선 TV에는 시진핑 주석이 자주 등장한다. 정치는 공산당이 맡고 경제는 시장경제체제로 나라를 운영하면서 최고 통치자에게 황제에 버금가는 권력이 집중되고 있다. 우리와 정치이념이 다른 일당 독재체제에서 그들이 가장 두려워하는 것은 인민의 민주화 요구와 티베트와 같은 변방 소수민족의 분리 독립 움직임이다. 초록은 동색이라고 북한과는 혈맹관계를 유지하면서 북핵 제어 수단을 미국의 수입관세정책과 저울질하고 있다. 대국답지 않게 장막에 가려진 나라가 아닌가 의심을 떨쳐 버릴 수가 없으니 얄미운 이웃이다. 친구인지 적인지 애매한 관계가 수천 년 동안 이어지고 있다. 세계 양대 패권국인 미국과 중국 사이에서 눈치를 보며 줄타기 외교를 할 수밖에 없는 우리의 현실이 안타깝지만 친미용중親美用中 방향이 국익을 도모할 수 있는 현명한 결정이 아닐까 하는 생각을 가져본다.

장강여행에서 새삼 깨달은 것은 우리의 국력 신장이다. 경제든 무력이든 힘을 길러야 대국이 소국을 얕보는 못된 버릇이 고쳐질 것이다. 어느 여행객은 14억 인구가 살고 있는 거대한 중국 대륙이 무엇이든 크고, 넓고, 많은 것에 놀라 영구히 중국의 속박에서 벗어날 수 없을 것이라고 자탄하며 한숨을 짓는다. 국토의 크기가 국력을 결정하는 절대기준은 아니다. 크지 않는 섬나라 영국이 해가 지지 않는 대영제국을 건설하였으며 우리나라도 경제 강국으로 도약하여 세계인을 놀라게 하지 않았는가.

# 만월대의 달빛

흥망이 유수하니 만월대도 추초秋草로다
오백 년 왕업이 목적牧笛에 부쳤으니
석양에 지나는 객이 눈물겨워 하노라

고려 유신遺臣 원천석元千錫이 송도를 찾았을 때 읊은 회고시조다. 국사책을 즐겨 읽으며 새 왕조의 부름을 거부한 작자의 높은 충절과 회고시에 담긴 애절한 뜻을 이해하게 되었다. 송도를 다시 찾은 충신의 절의節義를 추앙하며 나 역시 회고시의 배경인 개성을 언젠가 찾고 싶었으나 분단의 장벽에 가로막혀 갈 수가 없었다. 체념하고 살아온 세월이 60여 년이다. 다행히 현대 정주영 회장의 소떼몰이로 갑자기 관광길이 트이는 바람에 이 절호의 기회를 놓칠 수가 없었다.

2007년 12월 8일 드디어 개성관광에 나섰다. 북한지역이라 언제 상황이 바뀔지 몰라 서둘러 접수를 하고 바로 관광 개시 이틀 만에 북한 땅을 밟을 수 있었다. 숙박여행이 아닌 당일 관광으로 처음 가보는 길이라 조금은 설레는 마음을 안고 출발했다. 가는 길은 신의주까지 이어지는 국도 1호선이며 노무현 대통령이 처음으로 군사분계선을 넘었던 길이다. 당시 걸어서 분계선을 넘는 장면을 연출하려고 표시했던 노란색 경계선은 지워졌으며 휴전선을 상징하는 시멘트 말뚝은 그대로 남아 있었다.

개성은 송악산을 배경으로 여러 산성에 둘러싸인 분지형 지형이다. 고려 오백 년 도읍지로 역사유적이 일부 남아 있고 개성 인삼으로 많이 알려진 곳이며, 한때는 경제협력의 상징인 개성공단이 조성되어 남북 간 왕래가 잦았던 곳이다. 공단과 가까운 경의선 봉동역까지 남북 간 기차선로가 이어져 하루 한 차례 화물열차가 다녔으나 그조차 1년도 못 되어 중단되었다. 출입사무소에서 실제 출국수속을 하면서도 다른 나라가 아니라고 '출경出境'이란 궁색한 절차로 대신하는 것이 어색하게 느껴져 분단의 현실이 가슴 아팠다. 불과 70여 년 전에는 마음대로 다니던 곳인데 국경 아닌 국경이 되어버렸으니 이 경계선은 언제 허물어지려나.

개성이 인구에 회자되는 일화는 단연 송도삼절松都三節이다. 절색 황진이, 절윤 서화담, 절승 박연폭포 이 세 가지 뛰어난 존재가 개성을 세상에 널리 알리는 자랑스러운 역사가 되었다. 황진이는 조선조 최고의 명기로 출생에서부터 죽음에 이르기까지 많은 일화가 전해지고 있다. 출중한 미모와 시, 글씨, 그림, 춤 등 다방면에 재주가 뛰어나

당대 유명 문인들과 교류하였으며, 특히 남녀 간의 애정을 읊은 시가 많아 문학적인 평가는 물론 소설과 드라마의 주인공이 되고 있다.

황진이의 미모에 넋을 잃은 뭇 한량들이 그녀와의 하룻밤을 큰 자랑거리로 만들려고 안달했지만, 결코 호락호락하지 않았다. 유혹에 넘어가지 않겠다고 호언장담하던 벽계수를 시조 한 수로 굴복시키고, 당시 불가에서 생불로 불리던 지족선사를 파계시키기도 하였다. 도학군자인 서경덕만이 끝까지 유혹을 뿌리쳤으므로 그의 고매한 인품과 학문에 매료되어 제자가 되길 자청하고 스스로 송도삼절이라 칭송하였다. 그녀가 가장 사랑했던 이는 판서 소세양이었고 한양 제일의 명창 이시종을 만나 6년간이나 운명적인 사랑을 나누다 헤어진 후 그를 그리워하는 시조 한 수를 남겼다. 당초 이 시조는 첫 남자인 김경원을 사모하여 읊었던 시조라고 한다.

동짓달 기나긴 밤을 한허리를 베어내어
춘풍 이불 아래 서리서리 넣었다가
어른 님 오신 날 밤 이어든 굽이굽이 펴리라

박연폭포는 설악산 대승폭포, 금강산 구룡폭포와 함께 우리나라 3대 폭포의 하나로 개성에서 북쪽으로 16km 떨어진 곳에 있었다. 천마산과 성거산 사이를 흐르는 계곡물이 바가지 모양의 박연에 모여 화강암 절벽으로 떨어지는 37m 높이의 폭포다. 겨울철이라 수량이 많지 않고 얼음으로 뒤덮여 폭포의 장관을 볼 수 없는 아쉬움을 남기고 발길을 돌렸다. 폭포 옆 용바위에 새겨진 글씨는 황진이가 절경에 감탄하여 머리채를 붓 삼아 휘갈겨 쓴 글씨가 호방하고 우아해 보였다. 또 옛사람들이 풍류를 즐기며 써놓은 글씨와 이름들이 빽빽이 새겨져 있었다.

오전 박연폭포 관광을 마치고 개성 시내로 돌아와 민속촌 식당에서 모두 노란색 놋그릇에 담은 11첩 개성 한정식으로 점심을 먹었다. 반찬 대부분이 양념 조리를 적게 해서인지 싱겁고 담백한 맛으로 소박한 사찰 음식 같았다. 개성시내 풍경은 거리에 다니는 사람이 많지 않고 달리는 차량도 없어 한적한 분위기였다. 가장 붐비는 곳은 현대식 건물이 들어선 공단으로 직원들을 출퇴근 시키는 버스가 시내 중심거리를 누비고 다녔다. 시내 야트막한 자남산 언덕바지 가장 잘 보이는 곳에는 어김없이 김일성 동상이 우뚝 세워져 있었다.

오후 관광은 숭양서원, 고려박물관, 선죽교를 둘러봤다. 숭양서원은 고려말 유학자 정몽주를 기념하기 위하여 그의 집터에 세운 조선시대 사설 교육기관이다. 왕이 편액을 내려준 사액서원賜額書院으로 대원군 서원철폐 시에도 존속되어 조선시대 유명 유학자의 위패가 모셔져 있었다. 고려박물관은 고려시대 성균관을 박물관으로 바꿔 각종 역사유물과 문화재 수백 점을 전시하고 있어 눈길을 끌었다. 마지막으로 찾아간 곳은 선죽교다. 포은 정몽주의 혈흔이 정말로 남아 있는지 눈여겨 살펴봤다. 검은 색깔이 보이긴 하나 수백 년 세월이 흘렀으니 당시 혈흔이라고 인정하기는 어렵지만, 포은의 충절을 기리는 뜻깊은 사적임을 확인할 수 있었다. 바로 옆에는 그의 업적을 기록한 표충비가 세워져 있었다.

개성관광에서 꼭 찾고 싶었던 곳은 만월대滿月臺다. 송악산 남쪽 언덕에 위치한 고려 옛 황궁터로 이미 폐허가 되어 주춧돌만 남았지만 찬란했던 전성기의 웅장함을 느낄 수 있는 유서 깊은 사적지다. 2007년 남북공동으로 만월대발굴조사를 진행한 바 있으며 2013년 개성역사유적지구가 경주처럼 유네스코 세계문화유산으로 등재되었다. 훗날 길재吉再와 황진이는 회고시조로, 고복수는 「황성옛터」 노래로 폐허가 된 만월대의 허망한 자취를 탄식하였다.

또 개성기행에서 개인적으로 꼭 찾아가 보고 싶은 곳이 있었다. 바로 익재 이제현李齊賢 선조의 묘소이다. 필자 본관인 경주이씨 대파조大派祖로 우리 역사에 큰 족적을 남긴 명재상이며 이문구국以文救國의 문필활동을 펼친 위대한 문장가이다. 원나라 부마국駙馬國 90여 년의 수난기를 함께 살면서 고려의 자존과 국가적 난제를 해결하기 위하여 온 몸을 바쳤다. 이순신 장군이 칼로써 조선을 지켰다면, 이제현은 붓으로 고려를 지켜냈다. 충숙왕 10년에 원나라의 1개 성省으로 고려를 넘기자는 입성책동立省策動 사건이 일어나 왕통이 끊어지려는 절박한 순간을 맞았다. 이때 명문장으로 그 부당성을 원과 조정에 설득하여 400년 고려사직을 지켜냈다.

개성은 오백 년을 이어온 고려의 수도였던 만큼 경주 못지않게 역사유적이 많이 남아 있었서야 함에도 의외로 유적이나 유물이 그리 많지 않아 조금은 실망스러웠다. 그것은 새 왕조가 한양으로 천도하면서 저항세력을 제거하고 고려의 잔영을 완전히 지워버리려는 역성혁명의 결과가 아닐까 유추해 본다. 전 왕조의 기득권 세력인 왕王 씨 일족을 강화도 바닷속에 수장시킬 정도이면 그들이 꽃피운 역사유적이나 유물인들 온전히 남겨두려 했겠는가. 고려의 찬란했던 문화와 유적유물이 파괴되지 않고 오늘에 고스란히 남아 있다면 경주에 버금가는 문화도시로 명성이 이어졌으리라.

역사는 업적이든 과오이든 사실대로 다음 세대에 전수되어야 할 것이다. 과오만을 들추고 업적은 지우거나 왜곡하려 한다면 다음 세대 후손들에게 잘못된 역사관을 심어주지 않을까 걱정스럽다. 오늘의 현실을 개탄한다. 나라의 정체성을 흔들고 전 정권이 공들여 쌓아놓은 업적은 파기하거나 훼손하면서 적폐積弊라는 명분으로 뒤집으려 한다면 수백 년 전 새 왕조의 그릇된 말살책동과 무엇이 다르겠는가. 지난 역사를 교훈으로 삼으려 하지 않고 정권연장에만 골몰하니 답답한 시국이 가슴을 짓누른다.

관광코스로 개방되지 않은 만월대, 공민왕릉, 왕건릉을 보지 못한 아쉬움이 남아 추후 1박 여정으로 대상지역이 확대되면 한 번 더 개성을 찾고 싶었지만 1년 만에 관광이 중단되고 말았다. 언제 다시 개성開城이란 지명 뜻처럼 성문이 활짝 열리려나 기다리는 시간이 하염없이 흘러간다. 개성에서의 하루는 역사의 뒤안길을 돌아보는 의미 있는 여정이었으나 풀리지 않은 분단의 한을 가슴에 안은 채 무거운 발길을 돌릴 수밖에 없었다. 오늘 정월대보름 밤도 휘황찬란한 달빛이 만월대의 황량한 황궁터를 교교히 비추고 있으리라.

# 홍성에서의 하루

문학기행으로 처음 찾아가 본 홍성은 충절과 선비정신이 곳곳마다 서려있는 역사의 고장이었다. 고려의 마지막 명장 최영 장군, 조선 왕조의 대표적인 절신節臣 성삼문, 3.1운동 민족대표 한용운, 청산리 전투의 영웅 김좌진 장군이 모두 이곳 출신이다. 우리 역사에 큰 족적을 남긴 위대한 인물들이 태어난 고장이라 설렘과 경건한 마음으로 기념관과 유적지를 둘러봤다. 학창시절에 교과서나 역사책에서 익혔던 지식보다 더 충실하고 흥미로운 기록들을 눈여겨 살펴보며 해설사의 설명까지 들으니 선인들의 고매한 인격과 충성심에 감동의 물결이 가슴 가득 밀려왔다.

최영 장군은 이성계의 역성혁명을 인정하지 않고 475년 이어온 고려사직을 지키려 했다. '황금 보기를 돌같이 하라.' 見金如石는 부친의 유언대로 청렴결백의 사표로써 세인의 추앙을 받는 인물이다. 반역에 동조하지 않고 신념을 지킴으로써 '최 씨 고집'이란 말이 유래가 되었고, 결백의 증거로 한동안 무덤에 풀이 나지 않아 '붉은 무덤'으로 알려지면서 지금도 무속신앙의 대상이 되고 있다. 최영의 충성심을 기리는 변계량의 시와 초등학교 시절에 멋모르고 불렀던 최영 장군 노래 가사를 적어본다.

奮威匡國鬢星星 위엄을 떨쳐 나라를 구할 때 백발이 성성했구나
學語街童盡識名 삼척동자도 모두 그의 이름을 알고 있소
一片丹心應不死 한 조각 붉은 마음 영원히 죽지 않아
千秋永興太山橫 그 이름 천추까지 태산과 같으리

황금을 보기를 돌같이 하라 / 이르신 어버이 뜻을 받들고
한평생 나라 위해 바치셨으니 / 겨레의 스승이라 최영 장군
이 겨레 이 나라 바로 잡고자 / 남으로 왜적을 물리치시고
북으로 오랑캐를 무찌르시니 / 장하다 그의 이름 최영 장군

성삼문은 사육신의 첫 번째로 꼽히는 충절의 상징적인 인물이다. 홍성 외가에서 태어날 당시 하늘에서 "낳았느냐"라고 세 번 묻는 소리가 들려 그의 이름을 삼문三問이라고 지었다고 한다. 집현전 학사로 세종의 훈민정음 창제에 참여하고 신숙주와 함께 요동에 유배와 있던 명나라 어문학자 황찬을 열세 차례나 방문했다. 계유정난 후 세조의 즉위를 찬탈로 규정하고 당시 동부승지 자리에서 국새國璽를 빼앗기지 않으려고 몸부림치며 통곡하였다. 세조의 왕권 강화조치에 반발하여 단종복위 운동을 꾀하다 밀고로 체포되어 가문이 멸족을 당하는 참화

를 입었다. 형장으로 끌려가며 읊은 그의 「절명시絶命詩」를 읽으니 가슴이 저려온다.

擊鼓催人命 북소리 둥둥 울려 사람 목숨 재촉하는데
回頭日欲斜 고개를 돌려 바라보니 해도 지려하는구나
黃泉無一店 황천에는 주막 한 곳 없다 하니
今夜宿誰家 오늘 밤은 뉘집에서 쉬어갈꼬

한용운은 3.1운동 민족대표 33인의 한 사람으로 독립선언서의 공약 3장을 추가 보완한 독립운동가이며 스님이자 시인이다. 일찍이 출가하여 백담사에서 득도하였고, 법호는 만해萬海, 법명은 용운龍雲이다. 독립선언서 낭독 후 체포되어 3년형을 선고받고 변호사, 사식, 보석을 포기한 채 서대문형무소에서 복역 후 풀려나 해방 일 년을 남기고 병사했다. 불교 대중화운동에 앞장서 팔만대장경의 핵심 부분만 간추린 『불교대전』과 최초의 불교 잡지 『유심』을 발간했다. 대처승을 인정해 달라고 중추원과 통감부에 두 번이나 진정서를 올렸으나 묵살 당하고 말았으며 그 자신 두 번의 득처로 1남 1녀의 자녀를 두었다. 기행에 가까운 그의 꼿꼿한 성격은 생전에 많은 일화와 어록을 남겼다.

육당 최남선과는 독립선언서 내용을 두고 의견충돌을 빚었다. 육당은 만해의 주장이 과격하고 급진적이라며 반대하자 결국 공약 제3조에 '최후의 일인까지….' 문구를 넣는 것으로 수용하고 선언서에 서명했다. 그 후 육당이 중추원 참의 관직을 받고 친일로 변절하자 크게 격분하여 그를 죽은 사람으로 치부하고 장례를 치르고자 하였고 우연히 길에서 마주쳐도 일부러 모르는 척 냉대하였다고 한다. 이광수 최린 등 유명 인사들이 스스로 창씨개명을 하고 친일로 전향하자 격노한 홍명희가 만해를 찾아와서 "개 같은 놈들"이라고 분통을 터트렸다. 그러자 만해는 "개는 주인을 배신하지 않네. 그들은 조국과 민족을 배신했으니 개만도 못한 놈들이지. 개들이 자네 말을 들으면 섭섭해하지 않겠나."

또 한 번은 만해가 친일 주지들이 모인 장소에 참석하여 연설을 하면서 갑자기 "이 세상에서 가장 더러운 것이 무엇이냐?"고 질문을 던졌다. 주지들이 대답을 하지 못하자 만해는 단상을 후려치며 다음과 같은 말로 강당에 가득 모인 주지들의 고개를 들지 못하게 만들었다. "이 세상에서 가장 더러운 것은 똥이다. 그보다 더 더러운 것은 송장이다. 송장 옆에서는 밥을 먹을 수 없기 때문이다. 하지만 송장보다 더 더러운 것은 바로 여기에 모인 네놈들이다."

만해는 시, 소설, 언론기고 등으로 저항문학 활동을 꾸준히 이어갔으며 그의 대표작 「님의 침묵」은 교과서에 수록되어 낭송시의 단골 메뉴가 되었다. 당시의 민족 상황을 은유적으로 표현하여 다양한 해석이 가능한 어휘를 구사함으로써 총독부의 검열을 교묘히 피했다. 즉 '님'은 조선의 독립, 자연, 부처님, 이별한 연인 등으로 관점에 따라 다양한 상징으로 형상화하였으며, 형식면에서도 자유로운 산문시의 전형을 보여준다. 「님의 침묵」 첫 소절과 마지막 소절을 옮겨 적는다.

님은 갔습니다. 아 아 사랑하는 나의 님은 갔습니다.
푸른 산빛을 깨치고 단풍나무 숲을 향하여 난 작은 길을 걸어서
차마 떨치고 갔습니다. (…)
아아 님은 갔지만은 나는 님을 보내지 아니하였습니다.
제 곡조를 못 이기는 사랑의 노래는 님의 침묵을 휩싸고 돕니다.

김좌진 장군은 홍성 부호의 가문에서 출생하여 어머니로부터 엄한 교육을 받으며 성장했다. 1905년 을사늑약乙巳勒約이 체결되자 2,000석지기 땅을 50여 명 가복家僕에게 분배하고 애국의 길에 나섰다. 호서지방을 밝게 개화한다는 뜻의 호명학교湖明學校를 설립하고 활발한 교육사업으로 노블레스 오블리주의 선례를 남겼다. 만주로 건너가 북로군정서를 조직하고 총사령관이 되어 항일투쟁의 선봉에 섰고, 1920년 10월 청산리대첩에서 일본군을 대파하여 민족의 자주독립에 새 전기를 마련하였다. 1929년 한족총연합회 주석직에 올랐으나 공산계열 독립운동가들과의 갈등으로 40세의 젊은 나이에 공산당원에게 피살되었다. 그의 유해는 일제의 감시를 피해 부인이 상자로 위장하여 홍성군 서부면에 밀장하였다가 1957년 김두한에 의해 지금의 장소에 이장되어 부인과 함께 합장되었다. 그가 생전에 남긴 어록을 적어본다.

칼머리 바람에 센데 관산달은 밝구나
칼끝에 서릿발 차가워 고국이 그립도다
삼천리 무궁화동산에 왜적이 웬말이냐
진정 내가 님의 조국을 찾고야 말 것이다
사나이가 실수하면 용납하기 어렵고
지사가 살려고 하면 다시 때를 기다려야 한다

할 일이 너무도 많은데 내가 죽어야 하다니
그것이 한스러워…

충절의 땅, 홍성에서 출생한 위의 네 분은 모두 죽음으로 매화의 지조와 대나무의 절개를 지킨 충신이요 선각자이다. 사람이 일생을 살면서 어느 길을 갈 것인가의 선택은 자신의 추구하는 가치관의 문제다. 현실과 이상 두 가치관을 놓고 어느 쪽이 더 중요하고 명분을 찾을 수 있는가에 따라 삶의 방향과 생사의 갈림길이 바뀐다. 최영과 이성계, 성삼문과 신숙주, 한용운과 최남선, 김좌진과 공산계열 운동가는 모두 상반된 가치관에 따라 서로 다른 길을 걸었다. 그 결과는 꽃길과 가시밭길이 차이로 비교될 수 있다. 어느 길이 옳은 길인가는 역사가의 논쟁대상이지만 가시밭길을 걸어온 선열들의 정신을 후세 만인들은 추앙하며 기린다.

해설사가 우리 일행 40여 명에게 질문을 던졌다. "만약 세조가 여러분에게 성삼문의 길, 신숙주의 길 중에서 선택하라고 한다면 어느 길을 가겠습니까?" 참으로 대답하기 난감한 질문에 아무도 입을 떼지 않는다. 죽음을 각오한 대의大義와 현실의 삶을 놓고 결정을 내려야 하는 순간이 다가온다면 과연 나 자신은 어느 쪽으로 기울 것인지 머릿속이 복잡해지고 선뜻 결론이 나지 않는다. 해설사는 오늘날의 사람들 생각이 신숙주의 길을 결심하는 쪽이 많을 거라며 빙그레 웃는다. 부인할 수 없는 세태가 아닌가. 따스한 봄날, 홍성에서의 하루는 역사의 주인공들이 전해주는 감동과 가시밭길의 깊은 뜻을 생각해 보는 의미 있는 여행이었다. 간월도에서 서해바다의 일몰을 바라보며 별미로 먹어본 굴밥 맛에 구미가 당겨 다시 찾고 싶어지니 여행이 묘미란 이런 것인가.

# 생거진천生居鎭川

은평문인협회에서 출발하는 진천 문학기행 버스에 올랐다. 한 번도 가 본 적이 없는 진천이란 지명에 대하여 나의 머릿속에 입력된 정보는 '생거진천生居鎭川 사거용인死居龍仁'이 전부다. 진천을 널리 알린 이 문구의 유래와 전설 내용이 늘 궁금하였다. 왜 살아서는 진천이고 죽어서는 용인이라고 하였을까. 이는 진천이 살기 좋은 고장이고 용인은 명당이 많다는 뜻으로 해석된다. 과연 진천이 그런 곳인지 해설사의 설명을 들으니 고개가 끄덕여진다.

사람이 사는 데 산이 너무 많으면 들이 적어 자연 곡물이 풍족하지 못하고, 또 들만 있으면 산에서 얻는 혜택이 없고 맑은 물이 귀하니 황량하기 마련이다. 이런 면에서 진천은 산과 들이 적절히 분포되어 이상적인 지형 구조를 갖추고 있으므로 자연재해가 적고 다른 지역보다 수확량이 많은 곡향으로 알려져 있다. 강원도처럼 너무 험준하지 않는 해발 400~600m의 산들이 서쪽을 감싸고 미호천을 이루어 금강으로 흘러간다. 미호천과 그 지류를 끼고 기름진 들판이 펼쳐져 있어 곡물과 임산물이 풍부하니 자연히 진천은 살기 좋은 고장으로 정평이 났으리라.

이곳에는 흥미로운 두 가지 전설이 전해지고 있다. 그 하나는 옛날에 진천과 용인에 추천석이란 동명이인同名異人이 살고 있었다. 진천의 추천석은 양순하고 농사만 짓고 사는 사람이었던 반면, 용인의 추천석은 부자로 살면서 심술이 많아 동네 사람들을 못살게 굴었다고 한다. 염라대왕이 용인의 추천석을 괘씸하게 여겨 사자使者로 하여금 잡아 오도록 하였으나 사자가 실수하여 그만 진천의 추천석을 데려갔다. 다시 돌려보내려 하였으나 이미 장사를 지낸 후인지라. 용인의 추천석을 잡아들이고 그 시체에 진천 추천석의 영혼을 넣어 환생시켰다는 것이다. 그래서 살아서는 진천에서 살다가 죽어서는 다시 환생하여 용인에서 살았다고 한다.

또 하나는 진천에 살던 어느 생원의 딸이 용인으로 시집을 가서 아들을 낳고 단란히 살다가 남편이 죽어서 청상과부가 되었다. 아들을 시집에 두고 다시 진천으로 개가改嫁하여 또 아들을 낳고 남부럽지 않게 살다가 박복하여서인지 개가한 남편도 세상을 떠났다. 이렇게 되자 용인에서 잘 성장한 아들이 진천으로 와서 어머니를 모셔가고자 하였으나 진천의 아들이 극구 반대하므로 결국 관가에 소장訴狀을 내었다. 고을 원님은 고심 끝에 생전에는 진천에서 살다가 죽어서는 용인에 모셔 제사 지내라는 판결을 내렸다. 여기에서 '생거진천 사거용인'이란 말이 나왔다고 한다. 위 두 가지 이야기는 그럴듯하나 모두 근거가 없는 전설일 뿐이다.

이번 여행에서 깊은 인상을 남긴 것은 '진천 농다리'다. 이 다리의 역사는 고려초에 임연林衍 장군이 축조하여 천 년 세월을 버텨온 돌다리로 농교籠橋, 지네다리, 수월교水越橋 세 가지 이름으로 불린다. 농籠자는 대그릇 농자로 대바구니에 물이 빠지는 원리로 돌을 쌓았다는 뜻이고, 지네다리는 다리 모양이 지네가 기어가는 형상과 같아서이고, 수월교는 수량이 많아지면 다리가 잠긴다고 하여 붙여진 이름이라고 한다. 붉은 돌로써 음양을 배치하여 28수에 따라 28개를 놓았다. 총 길이는 93.6m, 너비 3.6m, 교각 높이 1.2m 자연석으로 과학적 공법과 독특한 구조로 짜여 '한국의 아름다운 다리 100선'에 선정된 소중한 문화재다.

농다리의 유래는 임연 장군이 고향집 세금천에서 눈보라가 치는 겨울날 아침에 세수를 하는데, 강 건너편에서 어느 젊은 부인이 개울을 건너지 못하고 애를 태우고 있었다. 그 연유를 묻자 친정아버지가 돌아가셨다는 소식을 듣고 가는 길이라고 하였다. 그 정경情景을 딱하게 여긴 임연 장군이 당장 용마를 타고 하루 만에 돌을 실어 날라 다리를 놓아줘 그 부인을 건너게 했다는 이야기다. 천 년 전에 만들어진 농다리를 건너며 인간과 다리의 관계를 생각해 본다. 다리는 사람과 사람, 과거와 현재, 역사와 문화를 연결해주는 소통의 공간이다. 단순히 물리적으로 떨어져 있는 두 지점을 연결하는 고리로써의 역할보다는 사상과 뉴스가 전달되는 통로인 셈이다. 그렇게 다리는 우리의 삶과 함께 역사를 만들고 신화와 전설을 간직하며 오늘에까지 이어져 오고 있다. '오작교'나 '효불효교'의 전설에서 다리가 이어주는 감동의 여운이 오래도록 가슴에 남아 있지 않는가.

다음 코스로 찾아간 곳은 진천 종박물관이다. 이곳에 종박물관을 세운 것은 고대 철 생산 유적지와 최대 규모의 제철로가 있었던 지역임을 고려한 듯하다. 또 한국종의 예술적 가치와 우수성을 세계에 알리고 새로운 이천 년대가 시작된다는 의미도 담고 있다고 한다. 종박물관에서는 종의 유래와 역사, 제조과정 등 우리나라 종문화를 한눈에 볼 수 있고, 직접 타종하여 영혼을 깨우는 소리를 체험할 수도 있다. 통일신라시대 제작되어 최고의 예술미를 자랑하는 상원사종과 성덕 대왕 신종 코너에서 방문객들은 감탄사를 쏟아낸다. 상원사종은 현존하는 가장 오래된 범종으로 한국전쟁 당시 기적적으로 화마를 피한 국보 36호 문화재다. 성덕대왕 신종은 우리나라에서 가장 큰 종으로 국보 29호 문화재다. 효성, 경덕, 혜공왕까지 3대에 걸쳐 강력한 왕권으로 34년간 제작하였으며 어린아이를 희생시켰다는 설화로 인해 '에밀레종'으로 더 많이 알려지고 있다.

당일치기로 돌아본 진천에서 가장 기억에 남는 생거진천, 농다리, 종박물관 내용만 요약하여 옮겼으나 더 많은 진천 자랑을 늘어놓지 못하는 아쉬움이 남는다. 짜인 버스 시간에 맞추느라 주마간산으로 휑하니 둘러본 보탑사, 조명희문학관, 초롱길 하늘다리에 대한 여행기와 아예 스케줄에 빠진 김유신 탄생지와 길상사, 베티성지, 초평호 한반도지형, 정송강사, 이상설 생가 방문은 다음 기회로 미루고 귀경버스에 올랐다. 진천은 하루 이틀에 모두 돌아볼 수 없을 정도로 볼거리가 넘쳐나는 아름답고 살기 좋은 고장이다.

# 벌고개 전설

서울에서 서오릉으로 넘어가는 고갯길을 '벌고개'라고도 부른다. 서울시와 고양시의 경계지점에 있는 이 얕은 고갯길이 '벌고개'로 불리게 된 유래는 「전설의 고향」에 나오는 스토리와 비슷하다. 자녀들과 서오릉 산책길에 나설 때나 겨울밤에 손자에게 들려줄 재미있는 이야깃거리로 '잘못하면 벌을 받는다.'는 가르침을 시사하고 있다.

500여 년 전 세조가 계유정난을 일으켜 왕의 자리를 차지하였으나 혈육인 친형제와 조카를 죽인 패륜행위로 두고두고 가슴을 짓누르는 죄책감에 시달렸다. 더욱이 단종의 생모이며 형수인 현덕왕후가 꿈에 나타나 "내 아들을 죽인 죄를 똑같이 받게 하겠다."고 저주하는 말을 남겼다. 희한하게도 저주의 내림이 사실대로 되었다. 세조의 맏아들 의경세자가 어릴 적부터 잔병이 잦았으며 죽기 전까지 현덕왕후의 혼령에 시달리다가 결국 20세 젊은 나이에 왕위에 오르지도 못한 채

요절하고 말았으니 세조의 분노가 오직 했겠는가.

세조는 뉘우치기보다는 비통한 심정을 분풀이로 대신했다. 현덕왕후의 무덤을 파헤쳐 관을 꺼내 강물에 던져버렸는데, 이는 부관참시剖棺斬屍에 해당하는 최고의 형벌이요, 보복이다. 이처럼 극단적인 패륜 행위를 서슴지 않으면서 정작 자신은 보복을 받지 않고 자자손손 부귀영화를 누리려고 의경세자가 묻힐 명당자리를 찾았다. 자신의 아들이 명당에 묻히면 그 발복發福으로 보복에서 벗어나고 직계자손이 왕위를 이어가리라고 믿은 것이다. 왕명으로 조정대신과 풍수대가들을 총동원하여 전국으로 명당자리를 찾아다녔으나 세조의 마음에 드는 묏자리는 찾지 못하였다. 조정대신들까지 명당몰이에 나섰으니 명당에 대한 집념이 어느 정도임을 짐작게 한다.

어느 날 한 지관地官이 최고의 명당자리를 찾았다고 왕에게 친견을 요청하여왔다. 그 지관이 알려준 명당이 바로 의경세자가 묻힌 현재의 서오릉 경릉敬陵이다. 이 묏자리를 세조께 추천한 지관의 설명은 이러하다. '이곳은 천하의 명당자리로 여기에 뫼를 쓰면 아들 중에 왕위에 오르는 자가 있을 것이며, 대대손손 왕위를 이어 크게 번성할 것이다. 그러나 이미 벌蜂이 땅속에 자리를 잡고 있어 그것이 문제다. 이곳을 묏자리로 사용하기 위해서는 반드시 그 대가가 필요한데 사람의 목숨이 걸린 일이다.'라고 하였다. 세조 자신도 풍수에 대한 조예가 깊어 직접 현장을 살펴보고 명담임을 확인한 후 문제가 있음에도 매장지시를 내렸다. 서오릉에 묏자리를 잡아준 명지관은 반드시 한 시간 후에 땅을 파도록 거듭 부탁을 하고는 서오릉을 떠나 한양으로 출발하였다.

지관이 출발한 후 서오릉 일대로 금방 검은 먹구름이 몰려와 빗방울이 떨어질 것 같아 인부들은 지관의 말을 무시하고 땅을 급히 파기 시작하였다. 그러자 느닷없이 수많은 벌들이 나와 지관을 찾듯이 몰려다니다가 어디론가 날아갔다. 그 시간 지관은 서오릉 고개를 막 오르고 있었다. 그런데 갑자기 수많은 벌들이 서오릉 방향에서 날아와 지관에게 달려들어 공격하기 시작했다. 지관은 온몸에 벌이 쏘여 그 자리에서 즉사하고 말았다. 이에 사람들은 평화롭게 살던 벌의 집 자리를 왕릉자리로 잡은 지관이 벌에게 벌罰을 받은 고개라 하여 이곳을 '벌고개'란 명칭으로 불리고 있다.

지관의 예언은 적중했다. 자신의 목숨을 대가로 세조에게 명당자리를 마련해준 셈이다. 명당 발복도 왕위가 아들 예종으로부터 손자인 성종, 증손자인 연산군, 중종으로 이어지면서 자신의 직계자손으로 승계되었으니 예언대로 맞았다고 볼 수 있다. 천하명당이란 경릉에 세자 신분으로 묻힌 의경세자는 아들 성종 때 덕종으로 추존되어 왕릉 대접을 받고 있으며, 그의 넋을 위로하기 위한 사찰로 수국사守國寺를 세웠다. 이곳에 처음 경릉이 생겨나고 그 후 왕과 왕비 능 네 곳이 연달아 조성되면서 지금의 서오릉이 되었다,

예종도 1년 2개월의 짧은 재위기간을 끝내고 형인 덕종과 같은 나이인 20세에 요절하여 세조의 두 아들이 모두 서오릉에 묻혔다. 세조는 현덕왕후의 계속되는 저주에 가슴을 쳤을 것이다. 명당의 효과가

과연 존재하는 것인지 인간의 과욕이 만들어 낸 허상인지는 미래를 예측하는 일이라 단언하기가 쉽지 않다. 어느 대통령 후보도 출마하기 전에 선대 분묘를 이장하였다고 하니 운명을 가르는 명당의 효과를 아직도 사람들은 믿고 있는 것 같다. 경릉이 과연 천하의 명당자리인지 서오릉을 산책할 때마다 유심히 살펴보았지만, 범인의 눈으로는 평범한 야산 언덕으로만 보였다.

세조의 명당에 대한 집념이 뜻대로 이루어져 사후 자신에 대한 보복정치는 일어나지 않았다 할지라도 피를 흘린 골육상잔骨肉相殘의 원죄는 수백 년 동안 씻기지 않고, 현재도 비난과 논쟁의 대상이 되고 있다. 조선은 개국 초부터 재상 중심의 왕정이었고, 어린 단종이 친정을 할 때까지 상징적인 존재로 남아 있어도 통치에는 별문제가 없었다. 그럼에도 수양과 그 무리들이 계유정난을 일으켜 적장자 승계전통을 깨트리고 왕권을 탈취한 것은 비윤리적인 역모로 보는 견해가 다수인 것 같다. 수양이 처음부터 왕권에 대한 야심이 없었다면 일어날 수 없는 일이지 않는가.

지난 역사를 되돌아보며 오늘의 시국을 우려하지 않을 수 없다. 대량 살상무기를 개발하고 끊임없는 숙청으로 현대판 왕조정치를 이어가는 북한의 독재 권력은 저주의 대상이다. 저주의 내림은 언제고 북한정권의 종말을 보여주리라. 벌고개 전설은 과거 선악의 인연에 따라 뒷날 업보業報로 되갚음을 받게 된다는 인과응보因果應報의 세상 이치를 다시 한번 생각하게 한다.

# 세조와 상원사上院寺

오대산 상원사에는 세조와 관련된 일화가 흥미로운 이야깃거리로 전해지고 있다. 그 일화의 현장을 찾으면서 먼저 눈길이 가는 곳은 문수전 법당에 모셔진 문수보살좌상과 앞마당에 세워져 있는 고양이 석상이다. 이미 입소문으로 듣고 찾아오는 사람마다 이 두 유물을 유심히 살펴보며 세조와의 연유를 궁금해한다. 왕의 행차는 막중한 국사인데 세조가 무슨 일로 오대산 첩첩산중까지 찾아와서 이 역사적인 유물을 남겼을까.

세조가 집권했던 당시 시대 상황과 파란만장한 그의 생애를 조명해 보면 오대산을 찾아간 연유를 어느 정도 이해할 수 있을 것 같다. 세조가 현대판 쿠데타라 할 수 있는 계유정난을 일으켜 형제, 조카 수많은 충신들을 참살하고 왕좌의 자리를 차지하였으나 즉위 기간 내내 단종을 죽인 죄책감에 시달렸다. 특히 단종의 생모이며 형수인 현덕왕후가 꿈에 나타나 침을 뱉고 나서는 온몸에 피부병이 번져 낫지 않았고, 맏아들 의경세자마저 그녀의 혼령에 시달리다 요절하자, 왕후의 무덤을 파헤치기까지 했다. 결국 자신의 패륜적 행동에 대한 업보임을 뉘우치고 불교에 귀의하여 죄업을 씻어보려는 고육책으로 깊은 산사를 찾아갔으리라. 불심佛心에 의지하여 용서를 빌고 민심도 달랠 수 있는 일석이조一石二鳥의 효과를 기대하면서 상원사를 자주 찾은 것으로 보인다.

문수보살 이야기는 세조가 피부병인 등창을 고치려고 상원사 행차길에 오대천 계곡에서 목욕할 때 벌어진 일이다. 난데없이 어린 동자가 다가와 등을 밀어주기에 고맙고 기분이 좋았지만, 왕의 체면상 벌거벗은 몸이 부끄러워 "어디 가서 왕의 옥체를 봤다고 얘기하지 말거라." 하고 동자에게 이른다. 그때 동자도 "그럼 왕께서도 어디 가서 문수동자를 친견했다고 말하지 마십시오." 하더니 흔적도 없이 사라져 버렸다. 그 뒤에 등창이 씻은 듯이 낫자 그를 다시 만나려고 수소문하였으나 나타나지 않으므로 화공을 불러 왕이 만났던 동자의 초상을 그리게 하였는데, 제대로 그리는 화공이 없었다. 그러던 중 하루는 누더기를 걸친 스님이 와서 설명도 듣지 않고 동자의 모습을 똑같이 그려놓고는 구름을 타고 하늘로 올라가 버렸다. 세조는 동자와 스님으로 변신한 문수보살을 두 번이나 친견한 것이다.

목욕을 하고 병을 고친 세조가 너무 기분이 좋아 절 이름을 '진여원眞如院' 대신 상원사上院寺로 바꾸었는데, 그 의미는 절을 뜻하는 '원

院'자 앞에 '상上'자를 붙여 '으뜸가는 절'이라는 뜻이다. 이런 사연으로 상원사 중심 건물 이름은 석가모니를 모신 대웅전이 아니라 문수보살을 모신 문수전文殊殿이다. 국보로 지정되어 문수전에 귀하게 모셔져 있는 문수보살좌상은 세조의 딸인 의숙공주가 세조의 수복을 빌기 위해 조각한 것으로 미려한 자태에 감탄을 금할 수 없었다. 사진촬영이 금지되고 일반관람도 제한을 받고 있다. 절 입구에 세워진 관대걸이는 세조가 목욕할 때 의관을 걸어둔 곳으로 실물 그대로 보존되어 있었다.

고양이 상은 세조가 이듬해 상원사를 찾아 법당에 참배하려고 하자, 갑자기 어디선가 고양이가 나타나 왕의 곤룡포 자락을 물고 못 들어가게 하므로 수행한 군관이 법당 뒤를 뒤지니 세 명의 자객이 숨어 있었다. 세조는 또 한 번 불심의 영험함에 감읍하여 목숨을 구해준 고양이 은혜에 보답코자 '고양이상'을 세우고 강릉에서 가장 기름진 땅 오백 석지기를 이 절에 하사하였다고 한다. 고양이를 위해 바치는 쌀이나 논밭이란 뜻의 '공양미', '묘전', '묘답'이란 말도 이때 생겨났으며 고양이는 영물이라고 하여 왕명으로 죽이지 못하도록 하였다.

세조는 유독 행차를 많이 한 왕이다. 상원사뿐만 아니라 여러 곳의 사찰과 온천을 찾아다녔는데, 속리산 법주사 가는 길에 있는 정이품송 일화가 많이 알려져 있다. 세조가 법주사로 행차할 때 타고 있던 가마가 이 소나무에 걸릴까 염려하여 "연(輦, 가마)이 걸린다."고 소리치자 소나무는 스스로 가지를 번쩍 들어 올려 어가御駕를 무사히 통과하게 하였다고 한다. 며칠 후 법주사에서 돌아오던 일행은 다시 이 소나무 곁을 지나게 되었는데, 그때 갑자기 소나기가 쏟아져 세조는 이 나무 밑에서 비를 피할 수 있었다. 이런 연유로 세조는 이 소나무를 기특하게 여겨 정이품(지금의 장관급) 벼슬을 내렸으며, 그 후 사람들은 이 나무를 '정이품송'이라고 부르기 시작하였다. 현재 천연기념물로 지정되어 특별 관리하고 있으며 세조릉인 남양주 광릉에 우수품종을 이식하여 두 그루가 잘 자라고 있다.

위의 세 가지 일화들은 모두 불교와 관련된 세조의 행적이다. 세 가지 모두 황당하고 꾸며낸 이야기 같아 그대로 믿어지지 않고 고개가 갸우뚱거려진다. 기록이나 남겨진 사적은 비록 쿠데타로 빼앗은 왕권일지라도 불심이 그를 지지支持하고 있음을 입증하여 민심을 무마撫摩하고, 반발세력으로부터 왕권의 정체성을 지키려는 의도로 풀이된다. 이러한 세조의 친불정책은 명분과 예를 앞세워 왕위찬탈에 반기反旗를 드는 유교이념의 성리학자들을 설득하고 견제하기 위한 수단이 되기도 했을 것이다.

세조는 재위 13년간 강력한 친정체제를 구축하고 의정부 대신 승정원과 측근 중심의 무단武斷 강권정치를 펼침으로써 선대 세종시대의 문화정치에 따르지 못한 아쉬움을 남겼다. 그럼에도 세조실록의 편찬작업에 참여한 인물이 신숙주, 한명회이고 서명을 거부하고 소신껏 기록하고자 하는 사관을 사형에 처한 사건으로 볼 때, 때때로 역사는 승자의 기록으로 미화될 수 있다는 사실에 안타까운 마음을 감출 수 없다. 현재 우리시대의 역사기록은 과연 사실대로 바르게 기록되고 있는지 또 훗날 어떻게 평가가 내려지려는지 나라의 미래가 걱정스럽다. 왜곡된 역사기록이 후대에 그대로 전수된다면 얼마나 슬프고 부끄러운 일인가. 오늘의 역사를 바르게 기록하여 자손만대에 전수해야 할 책임은 우리 모두의 몫이다.

경칩을 지나니 봄기운이 완연하다. 얼어붙었던 오대산 골짜기 계곡물이 흐르기 시작한다. 월정사 전나무 길을 지나 상원사로 오르는 10km 계곡 구간은 '선재길'이란 이름의 명품 산책길로 평생 한 번은 꼭 걷고 싶은 멋진 힐링 코스다. 세조가 다녀간 이 길을 따라 지난 역사의 현장을 돌아보는 뜻깊은 산행이었다.

# 맹사성孟思誠 일화

초여름으로 다가서는 오월 어느 날 아산 설화산 기슭에 고즈넉이 자리한 고불古佛 맹사성 고택을 찾았다. 수백 년간 무사히 보존되어 우리나라 살림집 가운데 가장 오래된 옛 모습을 간직한 집이다. 가옥의 형태는 'ㄷ'자 형의 맞배집으로 원래 고려 말 명장 최영崔瑩 장군이 살았던 집이었으나 손녀사위인 맹사성에게 그 집을 물려주었다. 북향 명당자리인 이 집에 맹사성은 10세 때 이사를 와 마당에 은행나무 두 그루를 손수 심고 학문에 정진하면서 맹씨행단孟氏杏壇으로 불리는 유래가 되었다.

맹사성은 고려 말 조선 초의 문신으로 황희 박수량과 함께 조선의 3대 청백리로 불리며 명재상으로 유명하다. 녹미祿米만으로 살림을 꾸려가는 극빈한 생활을 이어갔으며 효성이 지극하여 어린 나이에도 3년간 시묘살이를 하였다. 노부의 병환 때문에 여러 차례 사직을 요청하였으나 세종은 한 번도 윤허하지 않았고, 공무가 아닌 일에는 역마를 이용하지 않고 소를 타거나 걸어 다녔다. 그가 생전에 남긴 유명한 일화들 가운데 많이 알려진 몇 가지만 옮겨본다.

먼저 공당문답公堂問答 일화다. 어느 해 정승 맹사성이 고향인 온양에 성묘를 하고 상경하던 중 소나기를 피하여 어느 오두막집에서 하루를 묵게 되었다. 처마에서 빗물 떨어지는 소리를 듣고 있던 맹사성이 재미있는 생각이 떠올라 같은 방에 묵고 있던 청년에게 말을 걸었다. 저 낙숫물 소리가 '공당공당'公堂公堂 하는 것 같은데 우리 말끝에 '공'자와 '당'자를 넣어 문답을 해보세. 먼저 맹사성이 "어디를 가는공公?" 하자 청년이 "한양에 간당堂" "무엇하러 가는공公" "과거보러 간당堂" "내가 붙게 해줄공公" "어림없는 소리당堂" 청년은 맹 정승을 알아보지 못하고 보잘것없는 늙은이가 헛소리한다고 재미있어했다. 그 후 과거에 급제한 청년이 맹 정승에게 문안 인사를 드리게 되었는데 그때 청년을 알아보고 "어찌된 일인공公" 하자 깜짝 놀란 청년은 "죽어지어당堂" 하면서 얼굴을 바닥에 박았다.

한번은 그가 고향으로 내려갈 때였다. 맹고불은 출입할 때면 각 고을의 관가에 들르지 않고 늘 간소하게 다니며 소를 타고 다니기도 하였는데, 처음 보는 사람은 그가 정승인 줄을 몰랐다. 마침 좌의정 맹사성이 고향으로 온다는 소식을 들은 평택과 화성 두 고을 현감이 그에게 잘 보일 요량으로 길거리를 꽃으로 단장하고 장호원까지 마중을 나갔다. 때마침 도롱이를 입은 보잘것없는 노인이 소를 탄 채 현감에게 예의를 갖추지 않고 지나치자 하인들이 노인을 끌어내려 내동댕이 쳤다. 쓰러진 노인의 얼굴을 본 두 현감은 그가 맹 정승임을 알고는 놀라서 도망을 치고 말았다. 그때 두 현감이 당황한 나머지 지니고 있던 관인官印을 연못에 빠트렸는데 그 연못을 인침연印沈淵이라 불렀다는 이야기다.

고승의 가르침을 평생 교훈으로 삼은 일화다. 열아홉에 장원급제하여 스무 살에 파주 군수가 된 맹사성은 자만심과 교만으로 가득 차 있었다. 어느 날 그가 고을에서 유명하다는 고승을 찾아가서 군수로서의 좌우명을 가르쳐 달라고 부탁하자 고승은 법구경에 나오는 문구를 일러준다. "나쁜 일은 아예 하지 말고 착한 일을 많이 베푸시면 됩니다. 제악막장諸惡莫作 제선봉행諸善奉行" "그건 삼척동자도 다 아는 이치인데 고작 그것뿐이요?" 맹사성은 거만하게 말하며 자리에서 일어나자 고승은 녹차나 한잔하고 가라며 붙잡았다. 못 이기는 척 자리에 앉자 고승은 찻잔이 넘치도록 차를 따르고 있다. "스님 찻물이 넘쳐 바닥을 망칩니다." 맹사성이 소리쳤으나 스님은 태연하게 차를 계속 따른다. 잔뜩 화가 난 맹사성을 물끄러미 바라보며 "찻물이 넘쳐 방바닥을 적시는 것은 알고, 지식이 넘쳐 인품을 망치는 것을 어찌 모르십니까?" 스님의 이 한마디에 맹사성은 부끄러워 황급히 방문을 열고 나가다가 문틀에 세게 부딪치고 말았다. "고개를 숙이면 부딪치는 법이 없습니다." 스님이 빙그레 웃으며 말했다. 도망치듯 뛰쳐나온 맹사성은 그 이후로는 늘 겸손한 자세로 백성들을 대했으며 불의와 타협하지 않고 주어진 본분에 충실하였다.

청백리의 정신을 보여주는 일화다. 맹사성은 청빈하기 짝이 없어 정승을 지내면서도 그가 사는 집은 비바람을 가리지 못했다. 한번은 병조판서가 그의 집으로 정무를 보러 왔는데 때마침 소낙비가 쏟아져 집안 여기저기서 비가 샜다. "대감께서 어찌 이처럼 비가 새는 초라한 집에…" "그런 말 마오. 이런 집조차 갖지 못한 백성이 얼마나 많은지 아오?" 정승의 집에 와서 의관을 쪼르르 적신 병조판서는 감복하고 돌아와 그때 마침 짓고 있던 행랑채를 헐어 버렸다. "정승의 집이 그런데, 내 어찌 바깥 행랑채가 필요할 것인가?"

맹사성의 흑기총黑麒塚 일화다. 어느 해 봄날 집 뒤 설화산 기슭을 오르던 중 어린아이들이 소를 몹시 괴롭히며 장난질을 하는 바람에 검은 소가 탈진해 있었다. 집으로 몰고 와서 소죽을 쑤어다 먹이고 극진히 간호하자 기운을 차린 소가 고불을 따라다녔다. 동네방네 소문을 내어 소 주인을 찾았지만 아무도 나타나지 않았다. 그 후 고불은 이 소를 수족처럼 아끼며 한평생을 타고 다녔다. 세종 20년 고불이 79세로 사망하자 검은 소는 사흘을 먹지 않고 울부짖다가 죽었다. 사람들이 감동하여 고불의 묘 아래 묻어주고 흑기총이라 이름하였다. 지금까지도 검은 소 무덤, 흑기총은 고불 묘와 함께 잘 보존되고 있다.

조선 왕조 500년 역사 기록에서 수많은 정승 이름이 알려지고 있지만 유독 고불 맹사성 이름이 인구에 회자膾炙되는 것은 위의 다섯 가지 일화가 그 이유를 짐작게 한다. 맹사성의 숭고한 청백리 정신과 겸손한 인품을 오늘날의 모든 공직자가 삶의 지표로 삼는다면 우리나라도 청렴도 지수가 높은 부러운 나라가 되지 않겠는가.

# 저 강은 알고 있다

백두산 여행길에 단둥에서 며칠간 머물렀다. 압록강 변에 앉아 하염없이 흐르는 강물을 바라본다. 강 건너 삭막한 도시 북한 땅 신의주는 우리 국토지만 갈 수 없는 곳이다. 밤이 되면 단둥의 화려한 야경에 비하여 신의주는 칠흑 같은 암흑 도시다. 해방 후 70여 년 세월이 흐르는 사이에 압록강 양쪽에서 마주보는 이 두 도시는 극명한 차이를 보이고 있다. 직접 목도하는 풍요와 빈곤의 현장이다. 무엇이 이렇게 두 도시를 다르게 만들었을까 곰곰이 생각해 봐도 답답한 가슴이 풀리지 않는다.

요녕성 단둥시는 '동방의 붉은 도시'란 뜻이다. 백두산에서 발원한 물이 뗏목 칠백 리를 타고 흘러 흘러 마지막 서해바다와 만나는 곳에 위치한 인구 260만의 동북3성 관문도시다. 산, 강, 바다가 어우러진 살기 좋은 지형으로 압록강문화가 융성한 도시이며, 한반도 세력과 대륙세력 간의 잦은 마찰로 소용돌이친 역사의 현장이기도 하다. 원元, 청淸과의 치욕의 역사, 이성계의 위화도회군, 일제의 대륙침략통로, 한국전쟁과 중공군 진입 등은 모두 압록강 역사이다. 현재 단둥의 시대상은 위기감이 감도는 한·중 관계의 최전선이고 자유와 민주의 창이며 역사의 고비에 선 도시다.

한국전쟁 때 파괴된 압록강 철교가 반쯤 잘린 채 그대로 남아 있고 한국 관광객을 태운 유람선이 철교와 월령도 사이를 왕복하면서 북한의 실상과 사람들을 가까이서 볼 수 있다. 파괴된 철교 옆에 새로 건설한 중조우의교中朝友宜橋는 북중 간에 인적 물적 교류가 가장 많은 유일한 통로로 만약 이 길을 막으면 북한은 심각한 고립상태로 체제를 위협받게 될 것이라고 한다. 수십만 중공군이 압록강을 건넜던 임시가교 흔적이 아직 남아 있고 도시 가장 높은 언덕에 항미원조기념탑과 전쟁박물관이 있다. 김일성이 모택동에게 보낸 중공군 지원요청서 친필원본이 전시되어 있어 눈길을 끌었다.

도시 북쪽에는 건설 당시 동양 최대의 수풍댐발전소가 지금은 중국 소유이고, 이성계의 회군으로 유명한 위화도는 현재 북한 땅으로 사람이 살고 있는지 알 수 없는 유령 섬처럼 보인다. 강 하류 황금평과 비단섬은 개성공단 같은 경제특구를 만들기로 북중 간 합의하였으나 중국 측이 호응하지 않아 황량한 벌판으로 남아 있었다. 월령도는 이미 중국에 넘겨 개발이 진행되고 있으며 다른 섬들도 점차 장기 임대 형식으로 중국에 잠식되어 가고 있어 궁색한 북한 경제의 실상을 보여준다. 중국 측에서 건설한 신압록강대교는 북한 측 진입로가 준공되지 않아 개통이 미루어지고 있었다.

놀라운 사실은 중국 정부가 동북공정을 추진하면서, 만리장성의 길이를 늘리려고 고구려 때 쌓은 호산산성에 '만리장성 종단'이라는 표지석을 세우고 큰 성문을 지어 관광코스로 만들어 놓았다. 만리장성의 동쪽 기점은 산해관山海關 지역이라는 그들 역사의 기록이 있음에도 고구려 역사를 송두리째 중국 역사에 넣으려는 터무니없는 역사 왜곡을 자행하고 있다. 일본 교과서 왜곡보다 중국정부 역사 왜곡이 더 심각함에도 우리 정부는 아무런 대응을 하지 않고 있을뿐더러 반일친중反日親中 태도가 과연 국익을 위한 올바른 방향인지 심히 걱정스럽다.

이것뿐이 아니다. 집안集安에 세워진 광개토대왕비 안내판에는 아예 고구려를 중국의 변방 속국으로 기술하고 있으니 기가 막힐 일이다. 고구려는 엄연한 자주 독립국가이며 19대 광개토대왕 시대에는 지금의 동북3성 모두를 차지하는 광활한 영토 확장으로 당시 중국의 수隋, 당唐 나라가 두려워하는 강대국이었다. 압록강을 사이에 둔 두 강대국이 대결에서 고구려가 승리한 역사기록을 중국은 동북공정으로 덮으려 한다. 고조선 한4군 설치 시대부터 고구려, 고려, 조선, 근대에 이르기까지 끊임없이 압록강을 넘어와 우리를 괴롭힌 중국의 대국 근성은 현재도 이어지고 있다.

오늘의 현실을 보자. 중국몽中國夢을 꿈꾸며 G2의 위세를 과시한다.

북한 지렛대를 교묘히 활용하며 우리 정부가 반미친중反美親中 정책으로 돌아서기를 바란다. 이이제이以夷制夷 수법으로 한미일 동맹을 해체하려 한다. 사드 배치를 공연히 시비하며 한국에 대한 여행 제한, 상품 불매운동, 기업제재, 한류차단 등 치졸한 한한령限韓令 보복으로 반한감정을 부추긴다. 중국 전투기가 동해 영공을 침범하고 불법어업을 단속하는 해경에게 폭력을 휘두르기도 한다. 결국 수조 원에 이르는 막대한 경제적 손실을 감내하고 중국이 우려하는 3불인정 약속까지 하였다. 인조의 삼전도 굴욕을 연상케 한다.

중국이 한국을 무시하는 태도는 점입가경漸入佳境이다. 정상외교를 취재하는 한국 기자를 폭행하고 대통령을 '혼밥' 신세로 만들었다. 어느 외교부 관리는 사드를 배치하면 단교수준으로 엄청난 고통을 주겠다며 협박한다. 그럼에도 대통령은 중국을 높은 산봉우리에 비유하며 '한국은 작은 나라'라는 사대발언을 서슴지 않고, 한한령 해제는 얘기조차 못 꺼냈다. 우한에서 발생한 코로나 괴질로 전 세계가 불안에 떨고 있음에도 "중국의 운명은 우리의 운명이다."라고 아첨하면서 중국인의 입국을 통제하지 않고 자국민과 같은 대우를 한다. 구한말 청국의 지나친 내정간섭 시대가 다시 떠오른다. 역사의 영고성쇠榮枯盛衰는 돌고 돌아 대국이 소국을 괴롭히는 굴종의 역사가 되풀이되고 있다.

압록강은 우리 민족에게 한이 서린 강이다. 지금 이 시간에도 목숨을 걸고 이 강을 건너려는 수많은 탈북민들이 한숨짓고 있다. 강을 건너려다 물속에 수장되는 경우도 많고 이미 강을 건넜으나 원하는 곳으로 가지 못하고 중국 땅을 떠도는 북한 동포들이 수만 명이라고 한다. 압록강을 사이에 두고 부모, 부부, 형제자매, 가족들 간에 이산가족이 되어 오랜 세월 동안 서로 만나지도 못하고 생사조차 알 길이 막연하다고 하니 문명사회에 이처럼 안타까운 일이 또 어디에 있단 말인가. 탈북자를 막기 위하여 설치한 압록강 철조망이 북한을 거대한 집단 수용소로 만들고 있다.

오늘도 압록강은 유유히 흐른다. 숱한 침략과 갈등의 역사가 강물 속에 묻혀 흘러갔다. 북한 공산정권이 얼마나 악랄한지, 국경을 맞댄 인접국가로 약소국을 침략하고 괴롭힌 세력이 어느 나라인지를 저 강은 알고 있다. 언제고 압록강이 통일 한국의 국경선이 되어 다시 우리 곁으로 다가오는 날, 힘찬 도약의 꿈을 대륙으로 펼쳐 나가리라. 나아가 그들이 차지한 고구려의 우리 영역도 다시 찾아 아시아의 호랑이로 군림하는 그날을 상상해 본다. 2002년 월드컵 4강 때 응원구호는 '꿈은 이루어진다'이다. 지금의 G20에서 G5로 도약하는 꿈은 결코 환상이 아니라 실현이 가능한 한국몽韓國夢임을 미래학자가 예측하고 있다.

지난 연말 '동아시안컵'과 올해 연초에 'U-23 챔피언십' 축구대회에서 우리 국가대표팀이 중국을 이겼다. 중국 언론은 넓은 국토와 많은 인구를 가진 대국이 아직도 공한증恐韓症을 극복하지 못했다고 자탄하며 한국을 부러워한다. 걸핏하면 대국위세로 우리를 얕보는 중국을 누르고 통쾌한 승리의 기쁨을 안겨준 대표팀 선수들에게 박수를 보낸다. 이러한 축구 실력의 차이처럼 우리의 국력이 중국을 넘어서는 비약적인 발전으로 한국몽이 현실이 되면 수천 년 동안 우리를 괴롭힌 그들도 역사의 아이러니를 실감하겠지. 그때가 머지않아 반드시 오리란 것도 저 강은 알고 있으리라.

# 4

# 물레방아

인생도 승부다

대머리 타령

뒷덜미

물레방아

세상이 왜 이래

이런 일 저런 일

어느 소설가의 눈물

빗소리

웃고 왔다 울고 가네

마지막 호칭

# 인생도 승부다

노름판에서 따라지와 땡은 현격한 차이가 있다. 군인 계급에 비유하면 사병과 장성급 차이만큼이나 크다. 어느 패를 잡느냐에 따라 판돈의 소유권이 달라진다. 따라지는 한끗이다. 잔뜩 기대를 가지고 두 장의 화투장을 죄어보니 합한 숫자의 끝자리가 1이다. 노름꾼들이 제일 싫어하는 따라지 패다. 가장 낮은 끗발을 잡았으니 한숨이 절로 나온다. 이 끗발로는 돈을 내지를 엄두를 낼 수 없으니 화투장을 내던질 수밖에 없다. 그 많은 끗발 중에 왜 하필 따라지란 말인가.

그에 비하여 땡은 매우 높은 끗발이다. 화투 두 장이 똑같은 땡 패를 잡았으니 십중팔구 상대를 제압하고 돈을 딸 수 있다. 모든 노름꾼들이 땡 패를 잡으려고 안달하지만 가뭄에 콩 나듯 어쩌다 한번 땡을 잡으면 그 희열감에 가슴이 두근거린다. 10개의 땡 중에서는 장땡이 최고 끗발이다. 어떤 경쟁에서도 최고이면 “장땡 잡았다”고 환호성을 올린다. 규칙상 더 높은 끗발은 없으므로 모두 장땡에게 눌리고 만다. 장땡을 잡으면 느긋하게 상대 도전자가 많은 돈을 질러주기를 기다렸다가 바닥에 쌓인 판돈을 몽땅 쓸어오면서 도박의 쾌감을 즐긴다. 하지만 상대가 헷갈리도록 표정 관리를 잘해야지 큰 땡으로 눈치채고 모두 들어가 버리면 판돈이 줄어든다.

'섰다' 노름은 똑같이 주어지는 두 장의 화투 패 숫자를 합하여 정해진 규칙에 따라 한끗이라도 높은 끗발이 판돈을 차지하는 게임이다. 승산이 있다고 판단되면 '섰다'라고 외치면서 돈을 더 태우고 버틴다. 일명 '섰다 족보'로 불리는 정해진 서열규칙은 인정사정없이 엄격히 집행된다. 밤새도록 수백 번의 화투 패를 돌려도 예외 없이 지켜지고 아무리 서운하고 억울해도 패자는 절대 항의할 수 없다. 잃은 돈을 포기하고 일어서든지 다음 판을 노려야 한다. 노름판은 긴장이 연속이다. 판돈이 커지면 살벌한 분위기가 감돈다. 몇 명이 둘러앉아 두 장의 화투장을 손 가운데 감추고 죄는 순간은 스릴이 넘친다. 노름꾼은 이 맛에 길들여져 도박중독자가 되기도 한다.

노름판의 대결장면은 한 편의 드라마다. 상대를 속이거나 꾀어서 끌어들여야 한다. 가히 『삼국지』 손자병법이 동원된다. 먼저 자기 끗발이 확인되면 상대선수의 눈치를 살핀다. 저 상대는 "몇 끗을 잡았을까?" 얼굴 표정과 동작을 유심히 살핀 후 돈을 지를 건가 말 건가를 아주 짧은 순간에 결심해야 한다. 장땡을 잡고도 시치미를 뚝 떼고 "이 끗발로 될까? 에라 모르겠다. 한번 질러나 보자!" 하면서 나오는 상대의 위장 술책에 넘어가 오기로 판돈을 키웠다가는 큰돈을 잃고 가슴을 친다. 규칙상 장땡이 최고 끗발이니 어정쩡한 중간 끗발로 맞붙었다가 당한 꼴이다.

반대로 다음 판에는 상대 말을 곧이곧대로 듣지 않고 아예 포기하고 말았더니 막상 상대가 까놓은 끗발은 한참 아래가 아닌가. 마음 같아선 상대의 멱살을 잡고 흔들고 싶지만, 규칙이 엄격하니 분을 삭여야 한다. 이래서 노름판은 돈 놓고 돈 먹기다. 이처럼 판마다 희비가 엇갈리고 반전을 거듭하는 묘미에 노름꾼들은 쉽게 단념하고 일어서지 못한다. 오늘은 재수 없는 날이라 돈을 잃었지만, 내일은 기어코 설복하고 말리라는 강한 집착으로 노름판을 맴돈다. 경찰이 주부도박단 비밀 아지트를 습격하여 검거하는 장면을 TV로 보면서, 얼마나 도박에 중독이 되었으면 가정주부가 저렇게까지 빠질 수 있을까 안쓰러운 마음에 옆에 다소곳이 앉아 있는 아내가 그저 고맙기만 하다.

승부의 세계는 잔인하다. 드라마 「올인」에서 각자 삶의 전부를 걸고 마지막에 올인하는 장면은 그야말로 감동과 스릴의 극치를 보여준다. 노름판도 판돈 전부를 놓고 마지막에 승부를 겨루는 결정판에서 이기면 횡재이고 지면 쪽박신세가 되고 만다. 힘들게 살아가는 우리의 인생살이도 노름판의 생리와 비슷한 점이 많다. 불우한 처지에 있는 사람은 자기의 처량한 신세를 '따라지 인생'이라고 탄식하는가 하면, 뜻밖에 얻어진 행운으로 부자가 되어 "땡잡았다"고 큰소리치는 사람도 있다. 인생살이에는 세 번의 행운이 찾아온다고 한다. '따라지 인생'도 살다 보면 언젠가는 땡을 잡는 기회를 맞이할 수 있으리라.

나의 살아온 지난날도 '따라지 인생'으로 출발했다. 산간 오지에서 어렵게 학창시절을 보내고 첫 직장으로 체신부에 발령을 받으니 '따라지부'라고 조롱하는 풍조에 어깨에 힘이 빠졌다. 체신부가 12개 정부 부처 중에서 서열상 맨 끝인데다 취업 선호도가 다른 부처에 비하여 낮음을 야유하는 소리다. 거기에다 키도 작고 볼품없는 나의 존재는 영락없는 따라지 신세다. 이 신세를 면하려고 오랜 세월 직장에서 열심히 일한 결과 이제는 중산층 수준의 삶을 누리게 되었으니 그나마 다행으로 여긴다. 화투 끗발로 치면 조금 부풀려서 '따라지 땡' 정도는 되지 않을까 싶다. 땡은 땡이지만 나도 땡이라고 선뜻 나서기가 주저되는 꼴찌 땡이 아닌가.

따라지 신세에서 그나마 '땡' 수준에 이르렀으니 이제는 욕심을 내려놓고 인생살이 노름판을 떠나야 하지만, 마지막으로 남은 생애를 살아가는 동안에 단 한 번만이라도 장땡을 잡고 싶다. 그 장땡은 명작수필이다. 후대에 길이 전수될 한 편의 명작수필을 남기는 일이다. 문학을 공부하는 후예들이 나의 작품을 즐겨 읽고 이름이라도 기억해 주었으면 하는 소망에서다. 나는 과연 소망대로 장땡을 잡을 수 있을까?

# 대머리 타령

나의 머리 상층부는 완전히 민둥산이다. 신체 외모에서 가장 먼저 눈에 띄는 곳이 이 지경이 되었으니 사람들과 상면할 때 우선 수치심을 느낀다. 왜소한 체격에 대머리까지 되었으니 첫인상이 볼품없는 몰골이다. 거울을 보면 한숨만 나온다. 대머리 모습으로 평생을 살아갈 수밖에 없는 신체조건을 타고난 것이 그지없이 서럽다. 옛말에 신언서판身言書判을 남자의 출세기준이라 했는데, 일 번 기준인 신체조건이 당당하지 못하니 애당초 크게 출세하기는 틀려버린 팔자가 아닌가. 다음 기준에 있는 글書로나마 일 번 기준을 따라잡아 보려고 안간힘을 써보지만 이미 너무 늦은 나이가 안타까울 뿐이다.

한평생 살아오면서 나는 체격이 건장하고 머리숱이 많은 사람이 가장 부러웠다. 길거리에서나 TV에서 그런 남자를 보면 한 번 더 쳐다보고 나는 왜 키도 작고 대머리로 태어났을까 마음속으로 한숨을 삼킨다. 어머니에게 철없는 소리로 하소연하면 머리숱이 많은 당신 머리털을 몽땅 옮겨주고 싶다고 하셨다. 40대부터 심한 탈모현상에 고민하며 온갖 노력으로 두발 복원작업에 정성을 기울였지만, 성과가 없었다. 50대부터는 걷잡을 수 없을 정도로 속도가 빨라지더니 급기야 상층부의 50%가 민둥산으로 바뀌었다. 인공으로 해결할 수 없다는 판단을 내리고 그대로 두기로 했다.

나무가 없어 벌거벗은 자연 민둥산은 인공으로 해결이 가능하다. 우리나라는 산림 녹화사업에 성공하여 휴전선 이남이 푸른 산으로 바뀌었다. 최고 통치자의 강력한 정책의지가 산림 면적이 많은 우리 국토의 지형을 바꾸어 놓은 것이다. 산불이 나면 해당지역 군수가 면직되기도 했으니 푸른 산 가꾸기에 얼마나 공을 들였는지 알 수 있다. 그러나 인간 민둥산 해결방법은 국가정책으로 해결할 수도 없고 개인이 아무리 노력해도 해결되지 않으니 참으로 답답한 노릇이다. 신기한 것은 아무리 나이가 많아도 턱수염은 줄어들지 않고 계속 자라나서 사흘에 한 번씩 면도를 한다. 잘 자라는 턱수염은 없어도 좋으니 차라리 그 발모조직을 머리 상층부로 옮길 수 있는 의학기술은 개발할 수 없을까 면도를 할 때마다 생각이 난다.

의학계의 탈모 방지제나 발모제 개발은 아직까지 두드러진 성과가 없고 연구과제로 남아 세계 수많은 대머리 군상들이 학수고대鶴首苦待하며 기다리고 있다. 만약 인공으로 대머리 고민을 해결할 수 있다면 TV에 얼굴을 자주 드러내는 세계 국가 정상, 연예인, 유명 인사 모두

가 보기 민망한 대머리 모습을 그대로 두지는 않았을 것이다. 그들은 성능이 뛰어난 발모제 신약이 출시된다면 누구보다 먼저 반길 것이고, 그 약품은 아마 '패니실린'처럼 금세기 최고의 발명품이 되리라. 나 자신도 대머리를 해결할 수만 있다면 아무리 고가라도 즉시 신제품을 구입해서 하루라도 빨리 숱 많은 머리털을 바람에 날리며 거리를 활보하고 싶다.

근본적인 대머리 예방대책이 없다 보니 임시방편으로 연예인은 물론 일반인에게까지 가발사용이 보편화되고 있다. 특히 대중 앞에 얼굴을 드러내는 유명배우, 가수, 아나운서들 중에서 가발을 쓴 모습을 보면 자연스럽고 젊게 보이는 외모가 좋은 인상을 보여준다. 그렇지만 한 번도 본 적이 없는 그들의 가발 벗은 실제 얼굴 모습을 상상하면 웃음이 절로 나온다. 가발관리가 매우 번거롭고 귀찮은 일인데도 직업상 유지할 수밖에 없는 인기인의 고충을 짐작하면 동병상련同病相憐의 심정에서 안쓰러운 마음으로 바라본다.

나도 아내의 성화에 못 이겨 연예인 광고에 나오는 광화문 가발점포에 끌려갔던 적이 있다. 고정식 수시식 두 가지 방법이 있는데 설명을 듣고 나니 두 가지 모두 마음에 들지 않고 정말 하기 싫어서 다른 말은 잘 들을 테니 제발 가발만은 강요하지 말아 달라고 사정을 해서 겨우 승낙을 받고 점포 문을 나왔다. 아내의 심정을 이해는 한다. 같이 다니면 비정상 부부로 오해를 받을 수 있으니 가발이라도 써서 조금 자연스럽게 보이자는 뜻인데 아내의 당연한 요구를 들어주지 못해 미안할 따름이다. 외출을 할 때는 조금 떨어져 걷거나 더운 여름이라도 식당에서 모자를 벗지 않고 땀을 흘리며 식사를 한다. 대머리 때문에 40대부터 받는 이 굴욕은 이 세상 끝나는 날까지 계속될 것이다.

대머리는 질병은 아닐지라도 완치가 어려운 고질병이나 다름없다. 머리칼이 정상적인 사람보다 더 위축되고 불리한 조건이 많다. 무엇보다 나이 들어 보인다. 요즘처럼 외모가 우선시되는 사회생활에서 실제 나이보다 훨씬 늙어 보인다는 것이 얼마나 속상하고 기분 나쁜 일인가는 설명할 필요가 없다. 현직에 있을 때 상사 방에 결재를 받으러 들어가면 "자네가 본부장 같네." 하길래 "그러면 바꾸어 앉으시죠." 하려다 참았던 적이 있다. 승진 열쇠를 쥐고 있는 인사권자이니 못 들은 척할 수밖에. 가장 충격을 받은 사건은 나의 외모가 또래보다 5년 이상 더 늙어 보인다는 것을 알았을 때이다. 고향에 내려갔을 때 처음 보는 형님 친구분이 "군수님 백 씨伯氏께서 서울서 내려오셨군요." 하는 말에 말문이 막혀버렸다. 당시 현직 군수인 맏형은 나보다 5년이나 앞선 연령이었으니까.

또 대머리는 기후 영향을 정상인보다 많이 받는다. 머리 피부를 보호해줄 머리칼이 없기 때문에 외부 온도에 민감하다. 여름에는 더 덥고 겨울에는 더 추위를 타므로 밤에 잘 때도 수건을 머리에 써야 편히 잠들 수 있다. 외출할 때는 꼭 모자를 써서 체온을 유지해야 하므로 여름용 겨울용 모자가 10여 개나 옷장 속에 쌓여 있다. 한 번은 모자를 쓰지 않고 TV에 출연했다가 졸업 후 한 번도 만난 적이 없는 초등학교 동기생이 부산에서 전화를 걸어와 "너 왜 그렇게 대머리가 되었느냐?"며 폭소를 터뜨린 적이 있다. 까까머리 소년시절 모습만을 기억하고 있다가 놀랄 수밖에 없었으리라.

대머리의 수난受難은 끝이 없다. 특이한 외모는 평생 놀림감이다. 여자가 뽑은 최악의 남자 외모 1위는 대머리라고 하지 않는가. 직장생활을 할 때나 여러 모임에서 사람을 만날 때면 화제가 나의 외모로 시작된다. "아~ 시원하십니다. 반짝이 아저씨!" "정력이 세서 여자들 좋아하겠어요!" "비누 샴푸도 절약되겠어요. 이발 요금도 깎아 주나요?" "부富티나 보이네요. 대머리 거지는 못 봤어요." "장長 자리 관상입니다. 어느 대통령 닮았네요." 한다. 그들이 장난으로 하는 농담에도 모멸감을 느끼지만, 그냥 못 들은 척 참고 넘긴다. 그놈의 소리는 수십 년 듣고 살았는데 이제는 고칠 수도 없으니 신세타령을 할 수밖에 없지 않는가.

누구나 한두 가지씩 고민을 안고 타령을 하며 살아가는 게 인생살이다. 못난 타령, 가난타령, 신세타령으로 한숨짓다가 마지막에는 팔자타령으로 돌린다. 나 역시 이렇게 대머리 타령을 늘어놓을 수밖에 없는 팔자를 타고났으니 누구를 원망할 수 있겠는가. 옛적부터 명창의 판소리는 인생의 굴곡진 삶의 애환을 소리로 녹여내어 우리의 가슴을 후련하게 풀어 주었다. 하지만 그 많은 판소리 가운데 대머리의 한을 풀어주는 대목은 듣지 못했다. '쑥대머리'처럼 새로 '대머리 타령'을 판소리에 담아 이름난 명창이 한풀이로 불러준다면 수십 년 쌓인 대머리 굴욕이 눈 녹듯 녹아내리리라.

## 뒷덜미

가을빛이 완연하다. 높고 푸른 하늘과 귀뚜라미 울음소리가 계절의 변화를 실감케 한다. 지난여름 폭염과 긴 장마에 지친 사람들에게 가을은 새로운 생활의 활력소가 되어 생기를 불어넣는다. 이 좋은 계절이 오래 머물러 있었으면 좋으련만, 지구의 이상기후로 이번 가을 시즌도 어느새 훌쩍 지나가 버리고 곧 겨울이 닥쳐올 것만 같아 가을 정취에 흠뻑 젖고 싶은 아쉬움이 남는다. 이 가을이 다 지나가기 전에 무언가 새롭고 보람 있는 일을 시작하고 싶지만 여든이 넘은 나이가 뒷덜미를 잡는구나.

무료한 일상이 반복되고 있다. 특별한 일거리가 없으니 아침에 눈을 뜨면 오늘은 무엇을 할까 생각해 보지만, 아무것도 마음이 쏠리는 대상이 떠오르지 않는다. 오늘도 어제처럼 지나가고, 내일도 또 다음 내일도 별수 없이 아까운 시간이 그렇게 흘러가고 말리라. 인생의 무상함을 뼈저리게 느끼는 노년의 하루다. 만만한 아내에게 반찬 맛이 왜 이러냐고 공연스레 시비를 걸어 입씨름을 하다가 참지 못하고 버럭 소리를 내질렀다. 아내는 이미 내 버릇을 꿰뚫고 있어서인지 무대응이다. 결국, 늘 하던 수법대로 먼저 사과하고 서대문 안산 자락길 산책과 모래내 설렁탕 외식으로 화해의 절차를 마쳤다. 빈방에 홀로 앉아 좀이 쑤실 때는 이런 심심풀이 잔꾀라도 부려서 하루해를 넘긴다.

사소한 일상에서의 탈출은 여행이 제격이다. 여행은 이색 체험과 명상시간으로 자신을 성찰할 수 있는 기회를 만들어 준다. 올해 들어 처음으로 이벤트여행을 구상하고 며칠 전에 아내에게 남도 가을여행을 제안했더니 일언지하에 거절한다. 코로나 시국에 무슨 여행이냐고 타박이다. 평소 박목월의 「나그네」 시를 애송하며 남도 삼백 리 여행을 꼭 한 번 가봐야겠다고 별러왔으나 차일피일 미루다 아직까지 떠나지 못하고 있다. 부산을 출발해서 목포까지 거가대교, 순천만 갈대숲, 해남 땅끝마을, 보길도, 천사대교를 거치는 자동차여행을 쉬엄쉬엄 다니며 글감도 익히고 맛집도 찾아다니고 싶어서다. 여행지에서 아내 앞으로 가을 연서를 익명으로 띄워놓고 집에 돌아와서는 짐짓 모르는 체 옛날 애인 편지냐고 또 한 번 시비를 걸어볼 참이었는데 이번 가을은 허사가 되고 말았다. 더 늦기 전에 내년 봄에는 꼭 출발하고야 말리라.

하루는 누구에게나 똑같이 주어진 시간이다. 사람마다 이 시간을 어떻게 활용하느냐에 따라 개인의 행복과 불행의 갈림길이 될 수 있다. 특히 노년의 하루는 젊은 날의 한 달과 비교할 수 있을 만큼 빨리 지나간다. 살아갈 날이 그리 길지 않은 지금 시점에서 앞으로 꼭 하고 싶은 일이 무엇일까 곰곰이 생각해 본다. 수필 공부와 여행계획을 마지막까지 붙들고 오늘 하루의 삶을 즐겁고 보람있게 이어가고 싶다. 서대문에서 3년간 매주 수강 과정을 이수하고 이제 종로 평생교육원까지 진출하였으니 설레는 마음을 안고 명작을 향한 계단을 한 발짝씩 밟아 올라가리라. 살아 있는 날까지 우리 국토의 구석구석을 여행하며 글 소재를 찾아 헤매다가 영감이 떠오르면 주저 없이 초안을 메모하련다. 명작이 어찌 하루아침에 탄생할 수 있으랴.

하루의 시간은 지구가 자전하는 24시간이다. 이 하루하루가 쌓여서 한 달이 되고, 그렇게 열두 달이 지나면 지구는 태양 주위를 한 바퀴 공전하여 1년이란 시간이 흘러간다. 그 사이 인간은 나이를 한 살 더 먹는다. 인류 역사는 1년이란 시간 단위를 기준으로 서력기원을 만들어 올해로 2020년이다. 또 열두 달을 사계절 24절기로 나누어 기후의 변화에 따라 입춘이니 동지니 절기 이름을 붙여놓고 그에 맞는 생활 규범을 지키려 한다. 이처럼 특별한 날의 하루는 계절을 상징하는 의미 있는 날이기는 하지만 절기가 바뀔 때마다 세월의 빠름을 의식하지 않을 수 없다. 나이 들어가면서 느끼는 명절의 감흥도 옛날 같지 않다. 추석이나 설날 명절을 맞아도 즐거움보다는 세월의 무게가 가슴을 짓누른다.

나는 팔십 년이 넘는 긴 세월을 숱한 우여곡절을 겪으며 살아왔다.

그래도 도중에 쓰러지지 않고 오늘까지 용하게도 버티면서 지금, 이 순간에도 삶의 의욕을 잃지 않으려고 안간힘을 쓴다. 흘러가 버린 시간은 되돌릴 수 없기에 한 번 눈을 깜박거리는 찰나의 순간도 나에게는 금쪽같은 시간이다. 누가 나이를 물으면 주눅이 들어 대답하기 싫다. 액티브 시니어라고 듣기 좋은 말로 추켜세워도 나는 이미 인생의 종착역에 가까이 가고 있음을 잘 알고 있다. 내 나이가 어때서 뒷방 늙은이로 경멸하느냐고 발버둥 쳐 본들 노추의 모습만 보일 뿐, 노인의 독백에 아무도 귀 기울이지 않는다.

바로 이것이 오늘 하루의 삶이 나에게 얼마나 중요한가를 절실히 깨닫게 하고 초조하게 만드는 이유다. 한 세상 살아온 인생의 피날레를 멋있게 장식할 수 있도록, 천금 같은 오늘의 삶을 어제보다 더 보람 있고 즐겁게 보내야 되지 않겠는가. 특별한 이벤트를 자주 만들어 후회 없이 살고 싶지만 우물쭈물하다가 오늘 하루도 속절없이 저물어 간다. 어느 가수의 노랫말처럼 "청춘을 돌려 달라"고 아무리 외쳐도 야속한 세월은 들은 척도 하지 않네.

# 물레방아

고향 노래는 언제나 가슴을 적신다. 누가 먼저 부르기만 하면 잘도 따라 부른다. 고향에 대한 그리움을 노래로라도 달래보고 싶은 한결 같은 마음 때문이리라. 고향을 떠난 사람이 너무나 많다. 서울 인구는 토박이보다 전국 각지에서 모여든 시골 사람으로 넘쳐난다. 그러다 보니 명절 때는 민족대이동이란 말이 나올 정도로 고향을 찾아가는 귀성객이 엄청나다. 너나없이 향수병에 시름겨워하는 사람들이다. 더욱이 북쪽에 고향을 두고 온 실향민이나 재외동포들의 향수병은 오래된 고질병이다. 이 병에는 약도 없으니 그저 노래로 위안을 삼을 수밖에 없지 않겠는가.

이번 추석 전날 밤에 나훈아 '대한민국 어게인' 쇼를 눈여겨 시청했다. 답답한 시국에 정말 가슴이 후련한 사이다 맛을 봤다. 진행은 고향, 사랑, 인생 3부로 나뉘어 그의 수많은 히트곡을 열창하는 가운데, 첫 주제인 「고향 노래」에서 '물레방아 도는데'가 나의 마음을 녹였다. 최고의 가수가 부르는 매혹적인 음성은 가슴에 쌓인 시름을 시원하게 씻어 내려주었다. 또 가사는 얼마나 가슴을 아리게 하는가. "돌담길, 징검다리를 건너 서울로 떠나간 사람은 오늘도 물레방아는 돌아가고 있는데, 가을이 다가도록 소식도 없다."라고 탄식한다. 이 가사는 바로 나의 이야기길래 애창곡이 되어 수십 년 동안 수십 번을 불렀다.

또 물레방아에 얽힌 갖가지 사연들은 문학의 소재로 다루어져 독자들의 감성을 자극한다. 이효석의 단편소설 『메밀꽃 필 무렵』에서 주인공 허생원이 젊은 시절 성서방네 처녀를 우연히 만나 인연을 맺은 곳이 바로 물레방앗간이다. 그때 낳은 아들이 왼손잡이 동이임을 확인하고 동이 엄마가 있는 제천으로 함께 떠나는 마지막 장면은 이 소설의 백미다. 봉평 효석문화제에 세 번씩이나 찾아가 재현한 물레방앗간에서 두 남녀의 그날 밤을 상상하며 미소를 지었다. 장돌뱅이 허생원에게 그런 행운이 있을 줄이야. 그날 밤을 잊지 못하고 성처녀를 찾아 봉평장을 떠돌다 늦게나마 동이를 만났으니 또 한 번 행운을 만난 셈이다.

나도향의 소설 『물레방아』를 TV문학관에서 시청했다. 지주 신치규가 자기 집에서 머슴살이를 하는 방원의 젊은 아내를 유혹하여 물레방앗간에서 벌이는 애정행각과 비극적 종말이 소설의 줄거리다. 빈곤한 삶에 지쳐 늙은 지주의 유혹을 받아주는 젊은 여인의 선택은 마치 이수일을 배신하고 김중배에게 향하는 심순애의 선택과 유사하다. 방원은 복수의 칼을 품고 물레방앗간을 찾아간다. 마침 그곳에서 밀회를 즐기고 있는 신치규를 죽이려다 미수에 그치고, 아내에게 멀리 도망가자고 애걸했으나 거절당한다. 가난이 싫어 호강을 선택한 아내는 결국 남편에게 목이 졸려 살해되고 만다. 위 두 작품 모두 물레방앗간을 배경으로 소설의 극적 장면을 묘사한 걸작이라 오래도록 기억에 남아 있다. 「물레방아」의 남녀 주연 탤런트 김기섭, 하미혜 두 사람을 직장 상사의 잔칫집에서 만나본 일이 있다. 하미혜 씨를 보고 "다시 살아났군요." 했더니 살짝 웃는다. 미모의 자태가 소설 속 금분의 역에 딱 맞는 배우로 보였다.

물레방앗간이 어떤 곳인가. 물의 낙차를 이용하여 큰 바퀴를 돌려서 곡식을 찧거나 빻는 곳으로 옛날 정미소 시설이 드문 시골 마을 강변에 주로 설치되었다. 집 안에 설치되어 사람의 힘으로 찧어대는 디딜방아보다는 몇 배나 빠르고 능률적인 정미시설이다. 무엇보다 고향을 떠난 사람들에게는 향수, 추억, 낭만이 깃들어 있는 그리움의 대상이며 고향의 상징물이다. 우리 고향 반변천에 설치된 물레방아에서 쏟아지는 물로 목욕을 하던 어린 시절이 평생 잊히지 않고 가슴 한구석에 도사리고 있다. 물레방아를 보면 가장 먼저 고향 생각이 난다.

눈을 감고 고향의 물레방아를 그려보며 명상에 잠긴다. '물레방아 인생'이란 가사처럼 똑같은 일상을 반복하는 우리네 인생살이가 물레방아 운명과 비슷하지 않은가. 끊임없이 돌아가는 바퀴에서 인생행로를 연상하고, 고정된 축에서 벗어나지 못하므로 운명적인 굴레를 생각할 수 있고, 서정과 낭만 분위기에 남녀의 연애 장소로 상상되기도 한다. 서로 좋아하는 남녀가 동네 사람 눈을 피해 따로 만나고 싶어도 마땅한 장소가 없던 시절에 마을에서 따로 떨어져 있는 물레방앗간은 최적의 밀회 장소로 애용되던 곳이다. 우리 마을에 고등학교 일년 후배로 유달리 예쁜 여학생이 있었는데 물레방앗간을 지나다닐 때마다 그녀의 얼굴이 떠오르고 가슴이 두근거렸으니 나에게 물레방앗간은 영원히 잊을 수 없는 추억의 장소다.

물레방아를 볼거리나 영업수단으로 그대로 재현한 곳을 가끔 볼 수 있다. 서오릉 고개를 넘자마자 대형음식점에 설치된 물레방아가 손님의 마음을 읽은 듯 잘도 돌아간다. 고향에 가고 싶은 사람은 자기 업소로 오라고 손짓하는 것 같다. 소문난 일동 갈빗집 마당에 설치된 물레방아도 갈비 맛을 더해준다. 음식점 주인들이 향수를 불러오는 물레방아를 설치한 아이디어가 돋보인다. 지난봄에 고향에 내려갔더니 옛날 물레방아 자리는 그대로인데 관광지 음식점으로 개조되어 영업을 하고 있었다. 다행히 없어지지 않고 다시 볼 수 있어서 무척이나 반가웠다.

고향에 아직도 남아 있는 물레방아가 명색이 작가인 나에게 한마디 한다. "당신은 나를 만나 행복했고, 나의 존재가치를 꿰뚫고 있으면서 이제야 나에 대한 글을 쓰느냐"며 원망 어린 눈초리로 흘겨본다. "우리 고향 물레방아님, 다른 쪽으로 한눈을 팔다 늦었습니다. 당신의 가치를 몰라서도 아니고 싫어서도 아닙니다. 당신은 우리 고향 사람의 로망입니다. 당신이 지켜온 아름다운 전설이 퇴색되지 않도록 명품수필로 보답하겠습니다."

# 세상이 왜 이래

나훈아가 부른 노래 한 곡이 삽시간에 전국을 들썩이게 만들었다. 그는 많은 사람들의 가슴에 맺힌 응어리를 이 노래 하나로 시원하게 풀어주었다. 오랜만에 눈과 귀가 호강하는 가을밤 향연이었다. 추석 특별기획으로 제작된 「대한민국 어게인」 TV 프로그램이다. 평소 그를 TV에서나마 만나보고 싶어 했던 수많은 시청자들에게 그는 예상하지 못한 멋진 쇼를 보여주고 홀연히 무대 뒤로 사라졌다. 그날 밤 그가 불렀던 여러 히트곡 중에서 압권은 직접 작사 작곡하여 신곡으로 발표한 「테스형」이다. 노랫말 한마디 한마디가 영혼의 목소리다.

우선 노래 제목이 기발하다. 「테스형」이 무슨 뜻인가. 바로 소크라테스의 뒷글자에다 흔히 쓰는 형兄 자를 붙인 호칭으로 제목을 지었다. 정말 놀라운 상상이다. 그리스의 대철학자 소크라테스를 가까운 사이처럼 한국식 호칭으로 불러내어 자기가 풀지 못하는 인생살이 숙제를 모두 털어놓고 하소연한다. 왜 소크라테스를 불러냈을까. 전 인류가 존경하는 위대한 철학자이기에 그에게 물어보면 숙제의 정답을 알려줄 것이라는 기대를 가지고 과감한 상상력을 동원한 것으로 보인다. 이 가수의 높은 식견과 지성인다운 모습을 엿볼 수 있는 독창적인 착상이다.

노래 전반부에서 가장 가슴에 닿는 노랫말은 '세상이 왜 이래'다. 이 한마디 노랫말 속에 많은 뜻이 담겨 있다. 핵전쟁 공포, 첨예한 남북 상황, 희망이 가라앉는 국정운영, 좌경화 시국, 코로나 괴질의 장기화로 일상생활이 위축되고 있는 오늘의 답답한 현실을 짧은 노랫말 속에 모두 담았다. 정말 세상이 왜 이럴까. 하루도 마음 놓고 편하게 살 수 없는 세상이 되었으니 어디에다 이 시름을 털어놓는단 말인가. 첫 소절 노랫말이 가슴을 후려친다. 별의 별꼴을 다 보고 '한바탕 턱 빠지게 웃다'가도 아픈 마음을 '그 웃음 속에 묻는다.'고 하였다. 해학적인 노랫말로 우리 모두의 답답한 심정을 대신 풀어헤쳐 절규하듯 노래한다. 높은 시청률 덕분에 천만 명에 가까운 사람들이 「테스형」 노래를 듣고 마음의 위안을 받았으리라.

'사랑은 또 왜 이래'라는 노랫말에는 사랑이 뜻대로 되지 않거나 해피엔딩으로 끝나지 않는 안타까운 현실을 은근히 호소하고 있다. 여기에는 가수 자신의 사랑의 행로가 순탄치 않았음을 한탄하는 사연도 숨겨져 있지 않을까 연상된다. 이 문제를 테스형에게 털어놓으니 '너 자신을 알라'며 아리송한 대답을 하자, 내가 어찌 알겠느냐며 자신도 모른다고 실토한다. 이 세상 누군들 사랑 때문에 가슴앓이를 하지 않는 사람이 있겠는가. 아무리 위대한 철학자라도 사랑 문제만은 정답을 내놓기가 쉽지 않으리라. 악처와 동거한 테스형 자신은 사랑을 어떻게 설명할 것인가.

후반부 노랫말은 매우 감상적이다. 자연의 꽃들을 예찬하면서도 선친의 묘소를 자주 찾지 못하는 불효를 반성하고 있다. 세상이 아프다며 눈물 많은 자신이 살아온 시간들을 '세월은 또 왜 저래'라며 인생무상을 탄식한다. 더욱 경이로운 것은 느닷없이 사후세계를 테스형에게 물어보는 노랫말이다. '먼저 가본 저세상은 어떤가요. 가보니까 천국은 있던가요.'라고 돌발질문을 던진다. 아마도 고희를 넘긴 나이가 본인의 가야 할 세계가 가까워지고 있음을 예견하는 듯하다. 당연히 응답이 없을 줄 알면서도 이천여 년 전에 먼저 타계한 테스형에게 슬쩍 물어보는 의도가 처량하게 느껴진다.

「테스형」의 노래 핵심은 '세상은 왜 이래' '사랑은 또 왜 이래' '세월은 왜 또 저래' 이 세 마디 노랫말로 압축된다. 세 가지 모두 '왜'라는 말로 비정상적인 상태를 의심하고 원인을 알고 싶어 한다. 세상, 사랑, 세월이란 어휘에는 인생살이의 모든 문제가 함축되어 있다. 이 문제가 정상적으로 돌아가지 않고 자꾸만 헛돌고 있으니 많은 사람들이 '왜 이럴까' 의아해하면서 탄식과 울분을 토로한다. 이 노래를 부른 가수도 문제의 심각성을 인식하고 자신의 과거, 현재, 미래를 한꺼번에 노랫말에 쏟아부어 온몸으로 열창한다. 그 가운데 테스형을 17번이나 나무아미타불 불경 외듯 애타게 부른다. 위 세 가지 핵심문제가 테스형에게 반드시 전달되어 해결해 주기를 바라는 간절한 호소이리라. 성황당 신령님께 만사형통과 소원 성취를 기원하던 어머니 모습이 떠오른다.

이 가수는 한국 가요사에 큰 족적을 남겼다. 가황歌皇이라는 호칭이 무색하지 않을 만큼 많은 사람들이 그의 노래에 빠져들었다. 한국인의 정서에 잘 맞는 매혹적인 음색과 독특한 꺾기 발성법을 자유자재로 구사하면서 수많은 히트곡을 쏟아냈다. 한국인이라면 그의 노래를 몇 곡 정도는 쉽게 따라 부른다. 그는 방송에 자주 출연하지 않아 신비스러운 가수로 화제에 오르내렸으며 애인과 외국으로 잠적했다는 등 온갖 루머가 무성했다. 2008년에는 신체 훼손 낭설을 해명하는 기자회견을 한 바 있고, 이번 추석 기획방송 출연은 15년 만이란다. 한 푼의 출연료도 받지 않고 오직 코로나에 시달린 국민들을 위로하겠다는 마음 하나로 관중 없는 무대에서 두 시간 반 동안 최선을 다해 최고의 모습을 보여주었다.

그의 본명은 최홍기고 예명이 나훈아다. 부산 태생이며 억센 사투리로 의미심장한 어록을 공연 중에 많이 남겼다. 이번 추석 공연에서도 그가 발설한 대통령, 위정자란 말 때문에 정치권이 시끄러웠다. 제주 지사는 본인의 정치 인생 20년에 하지 못한 말을 한 예인藝人이 털어놓았다고 경탄했다. 부산의 어느 교수는 나훈아를 대통령 후보감이라고 치켜세웠다. 재벌 회장의 특별한 초청도 표를 사서 입장하라고 거부하였으며 국회의원 출마 제의도 거절했다. 소록도 위문공연도 깊은 인상을 남겼다. 북한 최고지도자의 초청에도 이래라저래라 간섭 받는 것이 싫다고 가지 않았으며, 정부에서 주는 훈장도 단호히 받지 않겠다고 하였다. 세월의 무게에다 훈장의 무게를 더하면 자유로운 영혼으로 살기가 버겁다며 평생 한길로 달려온 가수 본업에 충실하겠다고 밝혔다. 이 직업도 은퇴할 시기와 장소를 생각하고 있다니 무정한 세월이 야속하기만 하다. 언젠가는 그의 은퇴 공연이 눈물로 막을 내릴 것 같다.

세상살이가 요즈음처럼 혼란스럽고 예측할 수 없는 시국에 가수 나훈아가 보여준 환상의 무대는 우리 모두의 마음속에 아름다운 기억으로 남아 있다. 그는 자기의 재능을 쏟아부어 우리 국민을 위로하고 나라를 걱정하는 마음을 행동으로 보여주었다. 코로나 사태가 하루속히 끝나고 수만 명이 입장한 드넓은 월드컵경기장에서 다시 한번 화려한 공연이 펼쳐지는 감격적인 장면을 상상해 본다. 그때는 「테스형」보다 더 멋진 신곡 발표로 또 우리를 놀라게 하지 않겠는가. 아름다운 영혼의 소유자 훈아형, 당신이 있어 세상은 살맛 납니다.

# 이런 일 저런 일

언젠가 문인회 회식 자리에서 있었던 일이다. 왕언니 대접을 받는 K 회원이 벌떡 일어서더니 이번 부산 문학토론회에 나를 대표로 파견하겠다고 공개발언을 한다. 나에게 귀띔도 해주지 않고 다른 회원의 의견도 아랑곳하지 않는 돌출 발언이다. 희망자가 없을 것 같으니 한번 내질러 보는 눈치로 보였다. 평소 설레발치는 언행을 자주 봐 왔기에 또 그러려니 생각해서 아무런 대꾸도 하지 않고 손사래를 치며 거절의사를 표시했다. 대표 자격도 갖추지 못한 데다 노안老顔의 볼품없는 모습으로 여러 사람 앞에 나서기가 싫어서다.

집에 오는 길로 카톡을 열어보니 여러 회원으로부터 대표 파견을 축하한다는 메시지가 벌써 도착해 있었다. 동석했던 회원 중 한 분이 나의 무언의 거절의사를 짐짓 승낙으로 판단하고 앞질러 단체 카톡에 올려버린 것이다. 결국 나의 의사와는 달리 전 회원에게 대표 파견자로 공지되어 버렸으니 정말 어이없는 일이다. 출발시간 확인 전화까지 받고 불참사유를 설명하였으나 변명처럼 들으려 하니 괜한 스트레스로 기분만 나쁘다. 설레발치는 회원과 앞질러 문자 띄우기를 즐기는 회원이 합작하여 만들어 낸 가소로운 해프닝이다.

지방 선거 때 있었던 일이다. 자주 다니는 둘레길 시원한 소나무 그늘 아래서 늘 하는 습관대로 내가 소속한 문인회 밴드에 들어가 보니 못마땅한 알림 글이 떠있다. 신임회장이 여당 구청장 후보 사무실을 방문한다는 공지사항이다. 바로 문자를 날렸다.

"우리 문인회에서 특정 후보를 지원하기로 언제 합의했나요?"
"지원이 아니구요, 그냥 방문하는 거예요"
"민감한 선거 시기에 그냥 방문이 무슨 뜻입니까?"
"제 불찰입니다. 바로 지울게요. 사과드립니다."

한창 열전을 벌이고 있는 구청장 선거기간에 수십 명 문인을 대표하는 회장이 특정 후보 사무실 방문은 개인이 아닌 공인의 정치적 행보로 보인다. 아마 회장은 당선이 유력한 여당 후보에게 구청지원을 기대하는 보험 성격의 방문으로 가볍게 생각했다가 실수를 인정하고 바로 사과 문자를 보낸 것 같다. '보수꼴통'이라고 비아냥거리는 소리가 귀전에 맴돌아 마음이 편치 않다. 앞서 모임 때도 정치 이슈로 시끄러웠는데 다음 모임 때 또 눈총을 받지 않을까 후회되기도 한다.

지난 연말에 있었던 일이다. 커피를 많이 마셨더니 잠이 오지 않아

스마트 폰을 뒤적였다. 중학교 동창회 초청 문자가 왔기에 불참 문자를 띄웠더니 바로 "지금 몇 시야? 잠 좀 자자"라는 댓글이 올라온다. 아차 시계를 보니 12시가 넘었다. 시간을 생각하지 않고 문자를 보냈다가 신경질 반응에 기분이 언짢았다. "동창회장이면 그냥 받아줄 일이지 왜 신경질이야!" 문자를 날렸다. "뭐야 잠을 깨워놓고 잘했다는 거야?" 하기에 "야 이 친구야, 잠 좀 덜 잔다고 무슨 큰일이 벌어지냐?"라고 대꾸했더니 "그래 그만두자, 자네랑 얘기하고 싶지 않아"라는 문자가 뜬다. "그래 그만두자 나도 자네 같은 밴댕이 소갈머리하고는 친구하고 싶지 않네." 마지막 문자를 띄우고 그 후 동창회 모임에 나가지 않았다. 한밤중에 벌어진 아이들 싸움 같은 해프닝이다. 언제 또 동창회 모임에서 화해하자고 문자가 오면 또 한바탕 뻔한 싸움으로 식당 주인의 눈살을 찌푸리게 하겠지.

스마트폰은 현대인의 일상생활에 필요하고 궁금해하는 온갖 스마트한 기능이 내장되어 있으니 밤낮없이 움켜쥐고 도깨비방망이처럼 휘둘러 댄다. TV, 인터넷과 연동되어 실시간으로 쏟아지는 정보를 확인하고 영상이나 긴 글도 손안에서 전송하고 받아본다. 지하철, 등산로, 논두렁에서 외국에 살고 있는 자녀와 무료통화를 한다. 세월호 깊은 바닷속에서 마지막 인사 문자를 보낸다. 이처럼 편리한 문명의 이기지만 때로는 거짓정보를 퍼뜨리는 수단으로 악용된다. 정치집단이 당리당략이나 개인이 사리사욕을 위해서 사실과 다른 여론몰이를 하는 경우이다. 실체가 드러나지도 않는 사발통문을 온 나라에 내돌려 유명 연예인, 정치인, 고위공직자가 여럿 희생되었고 나라의 운명이 뒤

바뀌기도 한다.

세상이 떠들썩한 드루킹 사건도 이렇게 시작되었으리라. 허위 여론을 조작하고 호도糊塗하는 유사한 사건들이 비일비재하다. '매크로'라는 프로그램으로 단시간에 대량 댓글을 반복해서 띄워 상대를 완전히 헤어날 수 없는 구렁텅이로 밀어넣는 것이다. 결정적인 흠집 하나가 승패를 가르는 선거에서 사실과 다른 여론을 만들어서라도 일단 승리하고 보자는 유혹에 많은 정치인이 흔들린다. 이렇듯 거짓 소문이 진실을 덮어 버리는 황당한 사건이 지금 우리 사회를 점점 혼탁하게 만들고 있다. 내용을 자세히 모르는 일반 국민은 대중매체나 스마트폰을 통해 일방적으로 전달되는 정보를 사실 여부를 알지도 못한 채 그대로 믿어 버리기 일쑤다. 이러한 악습을 역이용하는 정치인이나 단체야말로 국민의 지탄을 받아야 할 적폐의 대상이 아닌가.

선거철이 되면 극성스러운 헛소문이 유권자들을 현혹시키고 정상적인 투표를 방해한다. 네거티브 소문은 무섭고 대부분 상대방을 음해하려는 목적이다. 헛소문을 만들어 내고 퍼트리는 개인이나 집단은 범죄행위를 저지르면서도 성공하면 면책되리라고 오판한다. 이런 일이 얼마나 불법이고 나라의 근본을 흔들 수 있음에도 어물쩍 덮어 버리면 당선의 정당성을 어떻게 인정하겠는가. 살리에르증후군이란 것이 있다. 2인자가 1인자에 대한 열등감, 시기, 질투심이 도를 넘어 1인자를 파멸로 몰아가는 현상이다. 자신의 부족함을 깨닫지 못하고 헛소문의 힘에 의존하려는 살리에르증후군 후보자에게 신성한 유권자의 권리를 넘겨준다면 나라의 미래가 참으로 암담하다 하지 않을 수 없다. 떠도는 헛소문에 빠져들지 말고 현명한 판단과 바른 투표를 할 수 있는 유권자의 의식변화가 무엇보다도 절실한 과제다.

아무리 스마트폰 역기능이 있어도 수많은 순기능이 이미 우리 일상생활에 자리 잡고 있어 떨어져 있으면 오히려 불편하다. 요즈음 시도 때도 없이 코로나 정보가 날아오니 정말 짜증스럽지만, 방역수단으로 쓰이니 어쩔 수 없이 참을 수밖에 없다. 많은 사람과 부딪히며 옥신각신하는 이런저런 일들이 대부분 스마트폰으로 시작된다. 세상과 소통하는 가장 빠르고 넓은 창이 바로 눈앞에 보이는데 착한 스마트폰과 헤어질 수는 없지 않는가.

# 어느 소설가의 눈물

문인은 문학작품을 통하여 많은 사람들에게 감동을 안겨준다. 한 편의 문학작품을 세상에 내놓기까지는 오랜 시간 깊은 사색을 거듭하고 창작의 고통을 이겨내야 한다. 문학 자체가 비대면 예술이라 오로지 자신의 영혼과 대화하며 작품창작에 몰두하는 과정은 수도승의 면벽참선과 다를 바 없다. 예술이라고 하지만 환호하는 대중도 없고 영상매체에 밀려 관심도 뒷전이며 치부의 수단은 더욱 아니다. 가정에서도 자칫 무능한 가장으로 가족에게 늘 미안한 마음을 안고 살아간다. 그럼에도 젊은 시절부터 고희를 훌쩍 넘긴 나이에 이르기까지 한평생을 오직 문학과 씨름하며 고달픈 외길을 걸어온 문인이 있다.

K 소설가는 나의 중학교 8년 후배다. 1973년 20대 나이에 첫 수필집을 출간하고, 이듬해 김동리 작가 추천으로 문단에 데뷔했다. 데뷔작은 장편소설 『제로상태』와 창작집 『바보마을』이다. 이후 40여 년간

을 쉬지 않고 매년 한두 편씩 50여 편의 장편, 단편, 추리, 콩트, 기업소설과 수필집을 쏟아냈다. 컴퓨터가 없던 시절이라 그 많은 작품을 육필로 쓰느라 엄지손가락에 맺힌 굳은살이 지금도 흔적으로 남아 있다. 그의 작품은 여러 일간신문, 잡지에 연재되고 TV와 라디오로 오랫동안 전파를 탔다. KBS TV문학관, MBC 베스트셀러극장에서 우수작품으로 선정되었으며 장편소설 『영원한 외출』은 대만에까지 수출되었다. 그의 왕성한 작품활동은 문향 영양英陽이 낳은 조지훈, 이문열과 함께 인기작가의 반열에서 고향을 빛낸 대표적인 소설가로 알려졌다.

그와 인연이 처음 시작된 것은 불과 5년 전의 일이다. 2015년 미니 족보를 만들려고 그가 운영하는 출판사를 찾았다가 등단 권유를 받고 얼떨결에 문단에 발을 들여놓게 되었다. 등단작 「그리운 금강산」「압록강 연가」 두 편의 기행수필을 심사하여 주신 분은 B 교수시다. 그때부터 거르지 않고 매월 한 편씩 나의 글이 월간 『문학저널』에 실려 여러 독자들과 교감을 나누게 되었다. 두 권의 수필집도 발행하고 몇 군데 문학단체에도 가입하여 어설픈 문인 행세를 하고 있다. 그래도 노령에 정년이 없는 일거리를 맡게 되어 다행이다. 모두 K 발행인의 특별한 배려 덕분이다.

월간 『문학저널』은 2001년에 창간한 후 금년 4월까지 20년 동안 통권 196호를 발행하는 위업을 달성하여 한국문단에 큰 족적을 남겼다. 시, 소설, 수필 등 장르별로 수백 명의 신인들에게 등단이란 절차로 문학의 꿈을 펼치도록 길을 열어주었다. 그들은 결코 『문학저널』과 맺은 소중한 인연을 잊을 수 없으리라. K 소설가는 자신의 본업인 소설작품을 꾸준히 발표하면서도 문예지 발간 작업도 소홀히 하지 않고 달마다 예정일에 출판하느라 안간힘을 썼다. 사실 월간 발행은 아침 먹고 나면 금방 점심때가 돌아오듯이, 제달 발행이 끝나도 쉬지 못하고 바로 다음 호 제작 준비에 들어가야 한다. 그 많은 등단 문인들을 배출輩出했어도 원고 분량이 늘 모자라고 책도 팔리지 않으니 문화사업이란 이름조차 부끄러울 지경이다. 파스칼의 명언대로 '생각하는 갈대'인 인간은 책을 많이 읽고 사유思惟의 폭을 넓혀야 함에도 독서 인구는 점점 줄어들고 출판사업은 사양길이다. 더욱이 문예지는 독자층이 넓지 않아 수지타산을 맞추기가 힘들어 중도에 폐간하는 사례가 비일비재하다.

그는 소설가로서의 재능은 마음껏 발휘하였으나 출판경영은 늘 적자에 허덕였다. 사무실 임대료가 체불되어 쫓겨나기도 했고, 제작비를 제때에 지불하지 못해 온갖 수모를 당하며 폐간의 위기를 몇 번이나 넘겼다. 그때마다 문학에 대한 강한 집념과 『문학저널』로 등단한 문인들의 자존심을 지켜주어야 한다는 일념으로 꿋꿋이 버텨왔다. 5년 동안 그의 안타까운 처지를 지켜보면서 다른 영리사업으로 전직하거나 계간季刊을 권유해 보았지만, 해병대 정신으로 버틴다고 하였다. 그는 군 생활을 해병대 사병으로 월남전에 참전하여 죽을 고비도 여러 번 넘겼기에 해병대 구호처럼 '한 번 문인은 영원한 문인'으로 남겠다며 문인의 길이 조금도 부끄럽지 않고 자랑스럽다고 하였다.

코로나가 기승을 부리던 지난 4월, 느닷없이 그로부터 월간 『문학저널』을 4월 말로 폐간하겠다는 전화를 받았다. 5월호를 기다리던 나는 아연실색하지 하지 않을 수 없었다. 결국 더 버티지 못하고 무너진다고 생각하니 눈물이 핑 돌았다. 나의 등단 모지 『문학저널』 폐간 소식은 다음 날 단체 카카오톡에 정식 대표명의 문자로 알려졌다. 긴급히 문인회 이사회가 소집되고 대책을 논의했다. 이구동성異口同聲으로 20년 전통의 월간 문예지를 하루아침에 폐간할 수 없다는 결론에 합의하고 새 인수자를 찾기로 했다. 다행히 인수를 희망하는 출판사가 있어서 인수인계 절차가 원만히 마무리되고, 2020년 6월 8일 관할 구청에 새 발행인 명의로 간행물 사업자 등록을 마쳤다.

『문학저널』 새 발행인은 도서출판 「도화」의 P 대표다. 「도화」란 고정화된 사고의 틀을 해체한다는 뜻이란다. 편집 주간은 S 소설가로 문학지다운 책을 만들어 보겠다고 희망찬 포부를 밝혔다. 『문학저널』 표지명은 그대로 쓰되, 이어지는 통권 197호는 오는 9월 가을호부터 계간으로 발행하기로 하였다. 월간을 계간으로 줄이는 대신 지금까지 한 번도 지급된 적이 없는 원고료 지급을 약속하였다. 많은 문예지가 원고료를 지급하지 않아 문인들의 사기가 바닥인 현실에서 조금은 자극을 받아 원고 제출이 늘어날 것으로 기대된다. 바통을 이어받은 「도화」 출판사는 『문학저널』을 더욱 수준 높은 문예지로 발행해야 할 책임을 짊어지게 되었으며 문인회 또한 새로운 각오로 모지母誌 발전에 힘을 보태야 하리라.

지난 7월 4일 종로 3가 한일장에서 『문학저널』 발행인 이취임식이 있었다. 『문학저널』측 K 대표와 40년 지기인 이광복 한국문협 이사장, 김중위 문학저널 총괄회장, 김지연 전 소설가협회 이사장 등 원로 문인분들이 다수 참석하였으며 「도화」측 P 대표와 S 편집 주간 등 많은 동료 소설가들이 참석하였다. 문예지 발행인 이취임식은 흔치 않는 일이다. 참석자 모두 쓸쓸히 퇴장하는 김창동 대표와는 아쉬운 석별의 정을 나누고, 새 발행인 P 대표에게는 격려와 축하의 꽃다발을 안겼다. 이 자리에서 K 대표는 20년 전 『문학저널』 제1호에 실린 창간 취지를 마지막으로 읽으며 울먹였다.

> 문학은 인간의 삶을 총체적으로 그려내 더욱 고등高等한 존재로 성장시켜나가는 사회적 역할이 있습니다. 우리는 그 역할을 외면해서는 안 됩니다. 현실이 견디기 어렵고 가치가 다변화되어 가는 시대에 살고 있지만, 문학은 지식과 교양과 모든 예술의 값진 토양임에는 틀림없습니다. 그러므로 문학을 더욱 발전시키고 활성화시키는 데 최선을 다하는 것이 문학인의 공유 역할입니다. 그 역할에 작은 힘이지만 참여하고 싶은 마음으로 『문학저널』을 창간하였습니다.

이임사를 하는 K 대표는 눈물을 흘렸다. 언제나 강해 보이기에 눈물이 없는 줄 알았다. 꽃길을 걸을 수 있었음에도 마다하고 고독한 문인의 길만을 고집한 지난 세월이 주마등처럼 떠올라 만감이 교차하였으리라. 설상가상으로 2년 전에 아내를 먼저 떠나보낸 슬픔이 겹쳐 그만 눈물을 쏟고 말았다. 그 눈물의 의미를 생각하니 같은 길을 걸어가는 나의 가슴속에도 소리 없는 흐느낌이 메아리친다.

# 빗소리

밤늦은 시간에 울리는 핸드폰 신호음이 선잠을 깨운다. 졸리는 눈을 비비며 열어보니 뜻밖에도 슬픈 소식이다. 문학단체에서 같은 수필장르로 가깝게 지내 온 K 수필가가 선종善終하였다는 부고문자다. 60대 초반 이른 나이에 이렇게 순서 없이 먼저 떠나가다니 놀라움과 허망함이 가슴 가득 밀려온다. 참으로 허무한 인생이다. 10여 년이나 연장자인 나는 언제 불려가려나 염라대왕에게 물어보고 싶지만 통신 방법이 없지 않는가. 수필집 한 권이라도 더 상재할 때까지 기다려 달라고 하소연하고 싶다.

K 수필가의 인생 경력은 조금 독특하다. 직장과 가정에서 안정을 찾지 못하고 60평생을 방황하며 집시gipsy처럼 인생을 살아왔다고 한다. 짧은 경찰관 경력 외에는 수십 년간 이렇다 할 직장 경력이 없다. 찢어지게 가난한 집안에서 태어나 머슴살이를 하는 아버지를 따라 평

생을 가난과 씨름하며 살다 보니 가난에 대한 설움이 뼛속까지 스며 들어 한으로 맺혔다고 한다. 그는 『가난과 악수하며』라는 수필집 서문에 눈물겨운 글을 남겼다.

"가난은 좀 불편할 뿐이라는 소리는 얼토당토않은 소리다. 양식이 떨어져서 며칠씩 처자식을 쫄쫄 굶겨 보아라. 이웃집이 부끄러워 솥에다 물을 붓고 아궁이에 빈 불을 피워보아라. 먹지 못해 부황이 들어 온몸이 퉁퉁 부어 보아라. 그런 말이 나오는가. 흔히 '산 입에 거미줄 치랴' 하지만 풀뿌리와 나무껍질로 목숨을 이어가야 하는 참상을 겪어보지 않아서 하는 소리다. 가난은 불편함을 넘어 끔찍하고, 수치스럽고, 생사가 걸린 문제다."

그는 그토록 가난을 원수처럼 생각하면서도 원수를 갚으려 하지 않고 그와 화해하며 악수하려 하였다. 가난이 게으름의 소산이고 수치라기보다 운명이고 팔자라는 생각으로 받아들였다. 자포자기하는 생활태도로 정상적인 직장과 가정생활을 이어가지 못하고 여기저기 기웃거리며 방랑하는 삶을 살아왔다고 실토한다. 이처럼 굴곡진 삶의 이야기를 누구에게든 털어놓고 자위하고 싶은 마음을 기록으로 남길 수 있는 수필로 풀어냈다. 수필쓰기가 유일한 탈출구가 된 셈이다. 그러다 보니 그의 작품 소재는 온통 가난에 대한 이야기가 전부이고, 수필집 소제목도 모두 구황식품 이름들로 가득하다. 송기, 보리쌀, 쑥떡, 콩죽, 범벅, 밀가루, 밤, 메뚜기, 무, 고욤, 산나물 등이다. 이들 식품 하나하나에 가난에 얽힌 눈물의 이야기가 녹아 있다. 첫 수필집도 곁에서 지켜보던 문우가 출판비를 대납하고 발간하였다.

그의 수필집을 읽다 보니 나 역시 청소년시절에 겪었던 가난에 대한 설움이 떠올라 어느새 그의 작품을 즐겨 읽는 애독자가 되었다. 화려한 수사修辭로 멋지게 쓴 글보다 극한의 체험에서 익숙해진 토속적인 단어로 가난의 비참한 상황을 묘사한 그의 투박한 글이 더 마음에 와 닿았다. 동료 문인들이 "이 가난 팔이 글쟁이야! 가난 이야기는 이제 그만 우려먹어라! 지겹다." 하고 농담 삼아 일침을 놓아도 그는 피식 웃기만 한다. 유명 작가의 작품을 모방하려거나 명문을 쓰려고 안달하지 않고, 자기 작품 색깔을 고수하려는 자존심 강한 문인이었다. 알 수 없는 그의 매력에 빨려들어 점점 그와 가까운 사이가 되었다. 그의 작품을 좋아하는 나 같은 글벗이 가까이 있어 살맛난다고 멋쩍은 웃음을 보일 때, 그의 얼굴에 피어나는 순수한 모습이 연민의 정을 불러왔다.

그는 가끔 기인奇人에 가까운 언행을 보였다. 동료 문인들과 회식자리에서 만나면 늘 "나 돈 없어! 막걸리값 좀 줘!" 하는 말을 달고 다녔다. 비싼 술값이 아니니 적은 돈으로 동료들이 선심을 쓰면 천진난만한 웃음을 보였다. 두세 차례 뜯긴 친구가 "또 막걸리값이냐?"고 윽박질러도 아랑곳하지 않고 손을 내밀었다. 마치 천상병千祥炳 시인의 문단시절 일화를 떠올리게 한다. 술과 손 내미는 버릇이 천 시인과 닮은꼴이다. 실제로 그는 막걸리를 즐겨 마셨다. 회식 자리에서 밥은 먹지 않고 막걸리만 몇 사발씩 마신다. 아마도 가난의 설움을 술로 달래려다 값싼 막걸리에 중독이 된 것으로 보인다. 아직 이른 나이에 갑자기 죽음을 맞게 된 원인도 지나친 음주로 발병한 지병 때문이리라. 마지막 가는 길도 천 시인을 닮았지만 '귀천歸天' 같은 명시 대신 가슴에 맺힌 한을 수필집에 풀어놓고 떠났다. 시대와 환경은 다르지만, 김동인의 단편소설 『감자』의 '복녀'를 연상케 한다.

지난 몇 년간 그와 수필문학에 대한 교감을 나누며 함께했던 시간들이 하나둘 머릿속을 스친다. 한번 왔다 가는 인생이니 시간이 차이일 뿐 이승을 떠나야 하는 것은 똑같은 운명이고, 죽음이란 명제命題 앞에서 너나없이 한시적 생명을 이어가고 있을 뿐이다. 인생살이가 다 그러려니 하고 살면서도 나의 사후 모습은 동료 문인들께 어떻게 비춰질까. 이 생각 저 생각에 잠 못 이루는 시간이 길어진다. 시계바늘이 자정에 가까워지고 있다. 늦은 밤 날아온 비보悲報에 잠이 달아나 버리고 눈망울이 말똥말똥해진다. 요란한 빗줄기가 마당에 있는 넓은 후박나무 잎에 떨어지면서 한 수필가의 죽음을 모스부호로 타전하는 것 같다. 점점 강해지는 빗소리가 울적한 기분을 더욱 청승스럽게 만든다. 눈을 감아 보아도 막걸리 사발이 천정에서 빙빙 돌며 뚝뚜우욱 방울져 내리는 것은 술인지 눈물인지 모르겠다.

# 웃고 왔다 울고 가네

수필공부를 한답시고 유명 강사의 강의도 받아 보고 전문서적도 몇 권 읽어봤다. 백여 편의 글을 써서 발표하기도 했지만 그야말로 문학작품다운 글은 한 편도 없고, 그저 그런 신변잡사를 글로 옮긴 잡문 수준이다. 그럼에도 문예지에서 신작수필이라고 실어주니 그저 고맙기만 하다. 덩달아 주위에서 등단작가라고 치켜세우는 바람에 혹시 명작 하나라도 건질까 기대하면서 이리저리 작품구상도 해보고 글감 사냥을 다녀보기도 했지만 두드러진 성과는 아무것도 없다. 결국 희망사항으로 끝날 일을 산수傘壽를 넘긴 나이에 노욕을 채우려는 것은 아닌지 자책하는 마음에 사로잡혀 절필絶筆이란 단어가 자꾸만 떠오른다.

답답한 마음에 글 잘 쓰는 친구에게 속내를 털어놨다. 절필해야겠다고 했더니 다짜고짜 면박을 준다. "절필 좋아하네! 햇병아리 주제에 자네가 무슨 유명작가라고 절필을 들먹이냐? 절필은 피천득皮千得

같은 대가大家나 하는 거야! 잔소리 말고 계속 직진! 자꾸 쓰다 보면 명작을 건질 날이 있겠지! 노년의 무료한 시간에 뭘 할 거야?" 옳은 말이다. 사우師友의 고마운 충고이긴 하나 계속할 의욕이 이미 사그라졌다. 절필이란 단어조차 마음 놓고 쓸 수 없는 애송이 문학도는 진퇴양난의 길에서 고민하고 있다. 금아琴兒 피천득 수필가는 나이 50에 글 소재에 대한 영감이 떠오르지 않아 절필을 선언했다는데, 80을 넘긴 나이에 무슨 명작을 기대할 수 있단 말인가.

멋모르고 수필문단에 발을 들여놓고 작가라는 호칭도 들어봤으나 점점 글 쓰는 일이 고역苦役임을 자각하고 나서는 과분한 호칭도 부담스럽고 섣불리 수필작품이라고 내놓기가 두렵기까지 하다. 본격 수필이론은 100가지도 넘는 요령을 지키라고 가르친다. 제목, 서두, 본문, 말미에 이르기까지 곳곳에 수학 공식 같은 가이드라인을 정해놓고 거기에다 의미부여와 독자의 감동까지 요구한다. 수필이론에 걸맞는 한 편의 수작수필을 쓰기 위해서는 수없이 퇴고를 거듭하고 깊은 사색과 온갖 지식을 총동원해야 한다. 잘못 쓰면 잡문이요, 기행문이요, 칼럼이 된다고 하니 수필쓰기가 대학수능시험 공부하는 기분이다. 혼으로 빚어낸다는 명품도자기 작업과정과 다르지 않다.

적어도 작가라면 작품으로 승부를 걸어야 할 것이다. 꾸준한 창작활동을 통하여 독자의 가슴을 적시는 명작을 발표하고, 걸작 저서를 몇 권이라도 남겨야 작가의 명예를 누릴 수 있을 것이다. 등단하기만 하면 그저 쉽게 작가로 불러주는 호칭 인플레이션이 문인의 수준을 떨어뜨린다. 수십 년 전에 어느 문예지에 등단하고 나서 아무런 창작 활동도 하지 않고 있다면 작가 행세는 물론 문단 선배라고 자처할 수 있겠는가. 작가라는 선망의 직업은 학력, 경력, 연령, 등단 연도에 상관없이 발표한 작품의 성과와 우열로 평가받고 그에 걸맞은 인기와 예우가 뒤따른다. 작품이 곧 작가의 인격이고 훌륭한 인격을 갖춘 사람이 훌륭한 글을 쓸 수 있을 것이다.

나에게 작가 호칭은 가당치 않다. 우선 실력과 작품수준이 작가의 반열에 들어갈 수 없음을 나 자신이 절실히 깨닫고 있다. 그저 글쓰기 동호회 회원 정도로 생각한다. 세상에 알려진 유명 작가가 아니니 친구 말대로 절필이란 단어가 어울리지도 않고 아무 때나 그만두면 그만이다. 독자에 대한 부담도 없다. 단지 마음에 걸리는 것은 친구의 충정衷情 어린 권유로 지금까지 글쓰기 공부를 이어왔는데 그 기대를 저버리고 낙오자가 되어 평생 쌓아온 우정에 금이 갈까 두렵다. 친구는 나의 처녀작 수필집 머리에 '액티브 시니어Active Senior 찬사'라는 축하의 글까지 써주고 수십 권의 책을 사서 동기들께 나누어 주었다. 축하의 글이 무색하게 책 내용은 잡문 부스러기들을 모아놓은 부끄러운 책이다. 할 수만 있다면 흩어진 책들을 모두 수거해서 땅속에 묻어버리고 싶다.

수필문단에 웃으며 들어왔다가 4년 만에 낙오자의 신세로 울면서 물러가려니 지금까지 칭찬과 격려를 보내준 동창 친구들과 동료 문우들께 고개를 들 수가 없다. 나이를 잊고 작품창작에 몰두하고 싶었지만 노쇠한 체력과 메말라가는 정서가 이제는 쉬어야겠다는 결심으로 굳어진다. 수필교실에서 보낸 시간들을 회상해 본다. 핵심만을 집중해서 가르치는 강사의 열정, 아침마다 카톡에 올려주는 행복 편지, 문우들 간의 열띤 합평시간, 회식 자리에서의 즐거운 담소, 문학기행으로 함께한 추억 여행은 인생 말년에 수필동아리에서 꽃피운 행복한 시간이었다.

요원한 작가의 길을 그만둘까 말까 망설이는 이 순간에 나의 짧은 문필 경력을 되돌아본다. 초심으로 돌아가 왜 글쓰기를 시작했을까도 생각해 본다. 질곡의 세월을 살아온 삶의 궤적을 기록이라는 영원장치로 남기고 싶었다. 글 쓰는 일이 곧 인격 수양의 길이라 여기며 만학의 즐거움도 함께 누리고 싶었다. 행복한 수필쓰기로 작가라는 명예를 꿈꿔 보기도 했다. 이처럼 아름다운 도전을 포기하고 이제 와서 글 쓰는 일을 멈춘다면 순수한 동기로 출발한 초심은 비 오는 밤거리에 무참히 버려진 꽃다발 신세가 되고 말 것이 아닌가. 결심의 기로에서 갈등의 시간이 길어진다.

# 마지막 호칭

사회생활을 하면서 수많은 사람을 만났다. 만나는 사람마다 나에 대한 호칭은 각양각색이다. 초면인 사람은 대체로 아저씨, 영감님, 어르신, 할아버지라고 부르거나 가끔 선생님, 사장님이라고 높여주기도 한다. 나의 이력을 알고 있는 사람은 회장, 국장, 이사, 작가라고 대우를 해준다. 어떻게 불러 주던 간에 부르는 사람의 마음이니 아니라고 부인할 수도 없고 역정을 낼 수도 없지 않는가.

팔십 평생을 살다 보니 그때마다 따라붙는 호칭을 듣기 싫다고 엿가락 자르듯 떼어버릴 수도 없는 일이다. 나이든 노인에게 붙이는 호칭은 존칭이라도 별로 기분 좋게 들리지 않는다. 처음 만나는 사람은 외모만을 보고 흔히 쓰는 호칭으로 쉽게 부르겠지만 듣는 사람은 더 젊은 호칭으로 불러주기를 은근히 기대하는 마음이 있음을 어찌하랴. 호칭은 인간관계에서 한 사람의 인격을 가늠하는 중요한 잣대이므로 듣는 상대방이 기분 나쁘지 않도록 신중하고 적절히 구사해야 할 것이다.

'영감님'이란 호칭은 검사나 군수 신분도 아닌데 듣기가 거북하다. 나이든 노인을 비하하는 뉘앙스로 들린다. 어르신, 할아버지는 자연스런 호칭이긴 하나 젊은 세대에 밀리는 것 같아 그냥 아저씨라고 불러주면 주름살 하나라도 더 펴질 것 같은 마음이다. 아저씨 호칭은 들어본 지 오래다. 노안의 얼굴로는 다시 들을 수 없는 정겨운 호칭이다. 선생님, 사장님은 그에 걸맞은 경력을 한 번도 가져 본 적이 없기에 나에게는 어울리지 않는 호칭이다. 회장은 친목단체에서 책임을 지워놓고 너스레를 떨며 장난삼아 부른다. 국장 호칭도 직장 재직 시에 불리었던 호칭이라 지금의 백수 신세에는 듣기가 쑥스럽다. 이사라는 호칭도 문단 데뷔 후 몇몇 문학단체에서 그냥 붙여준 허울 좋은 호칭이다.

한평생을 살면서 최근 몇 년 사이에 나에게 붙여진 마지막 호칭은 작가作家다. 작가란 문학작품, 사진, 그림, 조각 따위의 예술품을 창작하는 사람을 일컫는 호칭으로 남다른 작가정신의 소유자들이다. 2015년 초에 문단에 이름을 알리며 얼떨결에 작가라는 명예로운 호칭을 듣게 되었다. 가장 마음에 들고 듣기 좋은 호칭이다. 우쭐해진 마음에 이 호칭을 굳혀야 되겠다는 결심을 하고 글쓰기 공부에 많은 정성을 쏟았다. 삼 년간 유명 교수로부터 작가수업을 받았다. 부끄러운 글이지만 두 권의 수필집도 내고 여러 문예지에 꾸준히 기고를 하면서 몇 푼의 원고료도 받아보았다. 등단 문예지에서 창작문학상도 받고, 삼 년째 매월 한 편씩 신작수필이라고 실어준다.

이 정도의 작품 활동이면 작가라는 호칭을 들을 수 있지 않을까 생각되기도 하지만, 냉정한 판단으로 아직은 이르다는 생각이 든다. 나의 실력과 작품 수준이 전문작가의 반열에 들어설 수 없음을 절실히 깨닫고 있다. 적어도 전문작가라면 독자의 가슴을 적시는 수준 높은 명작을 일 년에 한두 편이라도 발표하고, 걸작 저서를 몇 권이라도 남겨야 작가 호칭이 무색하지 않고 자연스럽게 불릴 것이다. 작가라는 호칭이 아무나 그리 쉽게 들을 수 있는 호칭이 아님을 자각하고 겸손한 자세로 좋은 작품을 남겨야겠다고 마음속으로 다짐해 본다.

한국문인협회에 등록된 회원 수가 14,000여 명이나 된다고 한다. 이 중에서 작품 활동을 현재까지 계속하고 있는 전문작가는 총회원수에 비하여 그리 많지 않다. 대개 작품 활동을 중단한 문인들이 많은데 그들 모두를 작가라고 할 수 있을까. 호칭 남발로 문인의 수준을 스스로 떨어뜨리는 일이 없도록 앞서 언급한 전문작가의 기준을 깊이 생각해 볼 일이다. 아마추어 작가로 머물지 말고 프로페셔널 작가로 도약하려는 마음가짐이 작품수준을 더욱 높이는 동기가 되리라.

현행 등단제도가 너무 폭넓게 열려 있어 작가 호칭이 남발되는 원인이 되고 있다. 과거에는 일간지 신춘문예나 특정 문예지의 천료薦了를 거쳐야 등단 자격이 주어졌으므로 수준 높은 작품과 희소성이 인정되어 명예로운 작가의 위상을 자랑할 수 있었다. 지금은 수많은 문예지에서 달마다 신인들이 쏟아져 나온다. 모두 작가라는 호칭으로 활동하거나 등단을 고비로 아예 휴면기에 들어가는 신인들이 부지기수다. 현재의 문단사정이 이러하니 수필가는 많은데 좋은 수필은 없다는 자탄의 목소리가 들린다.

작가는 작품의 우열로 평가를 받는다. 작품이 곧 작가의 인격이고 얼굴이다. 작가가 존경을 받고 선망의 대상이 되는 것은 심혈을 기울인 그의 작품이 독자의 가슴에 지워지지 않는 깊은 울림을 남기고 감동을 안겨주었기 때문이리라. 한 편의 명작이 시공時空을 뛰어넘어 만인의 사랑을 받고 있는 사례는 작가의 길을 걷는 이들에게 창작의욕을 북돋우고 꿈을 심어주는 본보기상이다. 꿈을 향한 발걸음을 한 발짝씩 내디디며 목표에 이르는 그날을 상상하는 것도 얼마나 즐거운 일인가.

인생 말년에 작가라는 호칭을 듣게 되어 기쁘고 자랑스럽다. 가끔 친구나 문우들로부터 '이 작가李作家'라고 불릴 때 으쓱해지는 기분을 느낀다. 남은 생애도 작가 인생으로 살며 마지막 호칭이 부끄럽지 않게 명작을 향한 부단한 노력을 계속할 것이다. 그리하여 나의 이름을 기억하는 모든 사람들의 뇌리에 '작가 이진형'으로 각인되고, 훗날 묘비명에도 이름 앞에 작가라는 두 글자가 남겨지기를 희망한다.

# 5

# 그날이 언제일까

# 그날이 언제일까

1950년 6·25전쟁이 터졌을 때 나는 초등학교 6학년이었다. 어느 날 담임 선생님께서 국어 시간에 '국군장병에게 보내는 위문편지'를 쓰라며 두 장의 편지지를 반 학생 전원에게 나누어 주었다. 마치 청소년 백일장과 같은 편지 쓰기 시간이다. 1시간 동안 끙끙거리며 온갖 상상력을 동원하여 간신히 쓰기는 했는데 무슨 내용으로 썼는지 전혀 기억에 남아 있지 않다. 보나 마나 유치하기 그지없는 글이었으리라. 그래도 내가 쓴 위문편지를 전선의 어느 병사가 받아 읽고 답장이라도 보내주지 않을까 은근히 기다렸는데 받지 못했다. 이 위문편지가 나의 일생에서 글쓰기를 경험한 최초의 일이다.

3년이나 계속된 치열한 전쟁을 치르며 일가친척 청년들이 하나둘씩 군에 입대했다. 그들은 제대할 때까지 수십 통의 편지로 자기 집이나 종갓집 어른분께 전선소식을 수시로 알려왔다. 가까이 살고 있는 친척 형수님이 편지 봉투에 '군사우편'이라고 커다랗게 찍힌 편지를 들고 헐레벌떡 나를 찾아왔다. 그 형수님은 까막눈이라 내가 늘 대신 읽어주고 답장도 써 드렸다. 때로는 종갓집 할머니가 부르면 꼼짝 못하고 달려가서 전선편지를 읽어 드리고 그 자리에서 할머니가 대강 줄거리를 불러주는 대로 답장을 써야 했다. 제일 큰 어른의 권위에 눌려 발뺌을 할 수가 없었고, 그보다 시키는 일이 끝나면 숨겨두었던 계란과 곶감을 얻어먹는 재미에 맛 들였다. 그러다 보니 중학교 3년 동안 집안 대 소가에 배달되는 군사우편은 모두 내가 읽어 드리고, 답장을 쓰고, 우체국에 발송하는 일까지 도맡아 하게 되었다. 집안 어른들 모두 군사우편이 왔다 하면 '진이'를 부르라고 한다. 진이는 나의 이름 진晋 자를 아명兒名으로 지어 대소가 집안에서 오랫동안 불렸던 이름이다.

3년 동안 그 많은 편지를 대신 읽어 주고 써주면서 비록 대역이지만 실제 편지 주인공이 된 심정에서 감격과 기쁨을 양쪽 모두에게 안겨주려고 애를 썼다. 하지만 중학생의 서툰 글재주로는 받는 사람이 눈물을 흘릴 정도로 잘 쓸 수도 없었고, 그저 안부나 형식적으로 전하는 편지글이 되기가 십상이었다. 받은 편지를 읽을 때는 전선의 달밤이 눈앞에 그려진다. 가수 신세영의 「전선야곡」 가사 그대로다. 짬나는 시간에 편지 쓰는 일이 그들에게는 유일한 낙이 되었을 것이고 그만큼 답장도 기다려졌으리라. 고향 소식을 전할 때는 형제자매는 물론 일가친척들 안부를 빠뜨리지 않고 모두 적었다. 살벌한 전선에서 고향 친척들 얼굴이나마 한 사람 한 사람 떠올리며 위안을 받게 하려는 큰할머니의 숨은 뜻을 알아차렸고, 자주 쓰다 보니 별로 쓸 것이 없는 짧은 편지에 그나마 여러 사람 안부 소식으로 편지 한 장을 채울 수 있었다.

성인이 되어 편지쓰기가 다시 시작된 것은 아내에게 보내는 연애편지다. 한 직장에서 만나 2년간 연애를 하면서 매달 두세 번 편지를 보냈다. 편지 공세로 여심을 잡고야 말겠다는 전략이다. 그 내용도 지금은 거의 생각나지 않는다. 아마 책에서 읽었거나 여기저기서 귀동냥으로 주워 들은 명문들을 많이 인용했을 것으로 짐작이 간다. 한 가지 잊히지 않는 기억은 친구의 시를 슬쩍 도용하여 마치 내가 쓴 것처럼 연서에 담은 것이다. 훗날 대학교수가 된 친구에게 사실대로 고백했더니 자기 시에 여심이 녹아들어 결혼으로 골인했으니 축시로 생각하란다. 지금도 나의 습작수필을 읽고 충고를 아끼지 않는 고마운 친구다.

종이에 쓰는 편지는 아니지만, 컴퓨터 메일도 편지와 다름없다. 일일이 손으로 써서 전달하는 방법보다 얼마나 빠르고 편리한가. 여행에서 만난 두 명의 여자 친구와 수십 통의 메일을 주고받았다. 필리핀 여행에서 만난 Y 양과 유럽여행에서 만난 L 양이다. 당시 독신으로 외로운 시간을 보낼 때라 그녀들과의 교분은 나의 고독한 시간을 조금이나마 메꾸어 주었다. 그 인연으로 같이 갔던 여행 팀원끼리 국내여행도 몇 차례 다녔고, Y 양과는 금강산, 개성 여행을 다녀와서 영원히 잊을 수 없는 아름다운 추억을 공유하게 되었다.

코로나 사태로 재택 시간이 길어지는 바람에 지난 몇 달 동안 230여 편의 TV문학관을 시청했다. 근현대 우리나라 유명 소설의 대부분을 책 대신 영상으로 감상했다. 소설 줄거리마다 편지 사연이 자주 등장한다. 현진건의 단편소설 『B 사감과 러브레터』는 청춘 남녀의 안타까운 연애편지 사건을 재미있게 묘사하고 있다. 그 당시는 지금처럼 컴퓨터나 핸드폰이 없는 세상이라 편지가 유일한 애정표현 수단이었으니 한 통의 편지로 인생의 방향이 바뀌어 버린 안타까운 사례는 비일비재하다. 지금처럼 통신수단이 발달한 시대였다면 그 시절 남녀간의 애정표현도 편지에만 매달리지 않았으리라.

지금까지 살아오면서 수많은 사람과 편지와 메일을 주고받았다. 점점 편지 쓰기의 중요성을 인식하면서 한 통의 편지를 쓰고 메일을 보낼 때도 깊이 생각하고 진실한 마음가짐으로 임한다. 아무렇게나 쓰게 되면 상대방에게 실례가 되고 나의 인격도 손가락질을 받게 될 것이므로 공을 들여 편지를 쓰는 습관을 조금씩 익혀 나갔다. 가수 임창재의 대표곡 「편지」 가사를 떠올리며 편지를 쓰기도 한다. 어쩌다가 늦은 나이에 수필 공부를 하면서 그동안 수없이 읽고 써본 편지글이 장차 나에게 문학도의 꿈을 심어주는 씨앗이 되었다.

편지 쓰기는 수필 쓰기의 기본인 3다三多를 그대로 실천하는 좋은 공부 방법이다. 즉 편지를 받으면 읽고多讀, 생각多思하고, 답장을 쓰기多作 때문이다. 특히 연애편지는 연인의 마음을 녹이려고 얼마나 공을 들이는가. 온갖 지식을 동원하여 멋진 문장으로 표현하려고 고심하면서 썼다가 지우기를 반복한다. 오랜 세월 편지 쓰기로 쌓인 필력이 현재 수필 쓰기의 기초가 되었고 앞으로 새로운 목표에 도전할 수 있는 바탕이 되었다.

새로운 목표는 신춘문예 당선이다. 문학 국가고시라 할 수 있는 신춘문예 당선이 평생소원이다. 당당히 실력으로 인정받고 싶어서다. 중앙 일간지에서 유일하게 수필부문으로 공모하는 M 신문사에 두 편의 글을 우송했다. 당선 가능성은 극히 희박하다. 실패하면 살아가는 동안 매년 도전할 것이다. 성공하지 못할지라도 목표를 세우고 글을 쓴다는 것은 얼마나 가치 있는 일인가. 희망을 잃어버린 인생은 무의미한 삶이고 허수아비다. 언제고 M 신문사로부터 당선 소식이 들려오는 날을 초조히 기다린다. 그날이 언제일까.

# 나의 글쓰기

지난 연말 몇 군데 문예지로부터 원고료를 받았다. 푼돈 정도지만 대견하다는 생각이 든다. 산수傘壽를 넘긴 나이에 글을 써서 돈을 받았다는 사실이 조금은 생소하고 쑥스럽다. 어쭙잖은 글이라도 한 편의 글을 쓰느라 공을 들인 대가라 생각하면 원고료가 공짜 돈은 아니리라. 글도 잘만 쓰면 얼마든지 돈이 될 수 있다는 사실을 경험하였으니 올해부터 각종 문예지 현상 모집에 응모하여 더 큰 돈을 만져볼까 하고, 허황한 꿈을 가져보지만 가당치도 않은 욕심이다. 소크라테스의 명언대로 '너 자신을 알라'며 헛된 꿈을 버리라는 독자들의 볼멘 목소리가 귓전에 들려온다.

글쓰기를 시작한 후 처음으로 한국경제신문 신춘문예에 도전했다. 국내 중앙언론사 가운데 수필부문 공모는 유일하기 때문에 선택의 여지가 없었다. 오백만 원의 당선작 고료도 솔깃하지만, 무엇보다도 신문사 공모에 당선되었다는 영광을 얻고 싶었으며 겸하여 나의 글 수준이 어느 정도인지도 가늠하고 싶었다. 정월 초하룻날 신문을 펼쳐 보고 낙방 결과를 확인했지만, 조금도 서운하지 않았다. 나의 글재주가 신춘문예에는 한참 모자란다는 사실을 나 스스로 잘 알고 있기에 처음부터 기대하지도 않았고 당연한 결과라고 생각한다. 오히려 당선작은 어느 정도의 글솜씨인지 궁금하여 꼼꼼히 읽어 보고 배울 점을 찾아보았다. 제목부터가 생소한 인테그랄integral이란 영어단어이고 내용도 '문학적 탁월성' '독자를 향한 감응력' '문체의 독창성' 기준에 부합된다는 심사평에 고개를 끄덕였다. 역시 당선작은 나의 글과는 비교가 되지 않았다. 당선자는 39세로 두 딸을 둔 가정주부인데 나는 그녀의 두 배가 넘는 세월을 살았음에도 왜 그렇게 쓰지 못할까 부럽기 그지없다.

당선작과 나의 글의 차이점을 생각해 보았다. 위 세 가지 심사기준의 후보에도 오르지 못한 나의 글은 그야말로 흔한 잡문 수준으로 1차 탈락 대상에 들었을 것으로 짐작된다. 잘 쓰지도 못한 글을 수필이라고 무모하게 응모한 나의 태도를 자책하지 하지 않을 수 없다. 지금까지 150편의 글을 쓰면서 대부분 신변잡사를 수필이란 이름으로 포장하여 여기저기 발표하였다. 그저 독자들이 심심풀이 읽을거리 수준으로 끼적임에 가까운 글이니 국가고시처럼 어려운 신춘문예를 감히 넘본다는 것은 처음부터 과욕이었다. 그러나 이번 첫 경험을 계기로 해마다 재수 삼수를 하더라도 심사기준에 부합하는 글을 쓰는데 혼신의 노력을 기울일 것이다. 설령 성공하지 못하더라도 아름다운 도전으로 나의 인생극장 마지막 무대를 멋지게 장식하고 싶다.

글을 쓰는 일은 자기 자신을 성찰하는 좋은 기회다. 삶의 가치를 높이는 영혼의 작업이다. 가슴에 쌓인 먼지를 털어내고 진지한 자세로 마음의 거울을 닦는 일이다. 그것이 일기든, 자서전이든, 산문집이든, 수필집이든, 소설이든 형식에 얽매일 필요는 없을 것, 진솔하게 자기 내면의 세계를 글로 옮기는 작업에 충실하면 문인으로 대우를 받지 않겠는가. 어느 문인이든 처음부터 요술을 부리듯 명작을 발표하지는 못한다. 끊임없이 쓰고 또 고쳐 쓰기를 반복한다. 위 당선작도 하루아침에 뚝딱 탄생한 글이 아니고 원고 발송 전까지 여러 번 퇴고를 거듭한 소회를 당선 소감에서 피력하고 있다. 심지어 원고 발송 후에도 '마지막에 고친 촌스러운 문장이 악몽의 잔상처럼 남아 며칠을 괴롭혔다.'고 그간의 고충을 털어놓았다.

6년 전 처음 글쓰기를 시작할 때는 자서전을 쓰려고 하였다. 태백산 줄기 깊은 산골에서 태어나 지금까지 숱한 역경을 이겨내고 용하게도 현재까지 살아온 질곡의 시간들을 소상하게 글로 써서 남기고 싶었다. 유명 인사들이 인생의 막다른 시기에 자서전을 쓰는 동기와 유사한 심정에서다. 먼저 나의 뿌리를 찾아보는 족보를 요약하여 『나는 누구인가』라는 제목의 책을 발간하였는데 문중 친척분들의 반응이 좋았다. 다음 단계로 자서전을 쓰다가 문예지 출판사를 경영하는 중학교 후배 K 대표의 권유를 받고 '자전수필'이란 형식으로 바꾸어 『아름다운 도전』이란 첫 수필집을 발간하였다. 2년 뒤 자전이란 갓을 벗고 『기다리는 마음』이란 두 번째 수필집까지 발간하였으나 두 권 모두 수필집이란 타이틀이 아무래도 마음에 걸린다. K 대표는 다들 그렇게 책을 내니 괜찮다고 하지만 나의 글이 문학 장르인 수필에 해당하는지 아닌지 두고두고 의심이 풀리지 않는다. 책은 인쇄물로 한번 펴내면 되돌릴 수도 없고, 저자의 사상과 인격이 고스란히 노출됨으로 섣불리 욕심을 부리면 망신을 자초하는 일이 되고 말지 않겠는가.

나는 글 쓰는 목표를 독자의 감동에 두고 있다. 아무리 박학다식한 글, 미사여구美辭麗句로 점철된 화려한 글, 언어적 기교가 뛰어난 글이라도 독자의 감동을 얻지 못한다면 무슨 의미가 있겠는가. 쉽고 평범한 문장으로 쓴 글이라도 독자의 마음에 감동을 안겼다면 성공한 글이라고 생각한다. 무릎을 '탁' 치며 "그렇지 바로 이거야" 하고 누구나 공감할 수 있는 글, 가슴에 닿는 글을 쓰고 싶다. 하지만 쓰고 싶다고 해서 거저 얻어지거나 우연히 써지는 것도 아니다. 각고의 노력을 기울여야 좋은 글이 탄생한다. 당나라 유명 시인 백낙천白樂天은 매번 시를 짓고 나서 동네 노파에게 들려주고 알아들을 때까지 몇 번이고 뜯어고쳐서 저잣거리 목동까지 애송했다는 일화가 전해지고 있다. 퇴고는 글쓰기의 기본이다. 최선을 다해 쓴 작품은 명작이 될 수 있지만, 퇴고를 게을리하고 쓰다가 적당히 자족해 버리면 태작駄作에 머물고 말 것이다.

신춘문예 당선이 소원이기는 하나 최종 목표를 향한 과정일 뿐, 마지막 희망은 독자들에게 감동을 안기는 단 한 편의 명작이라도 남기는 일이다. 나의 글재주로는 참으로 성공하기 어려운 희망사항인 줄 알지만, 목표를 향하여 절차탁마切磋琢磨의 담금질을 소걸음처럼 쉬지 않고 계속하겠다는 각오로 또다시 새해를 맞는다.

# 바로 이거야

문단에 이름을 올리고 글쓰기를 시작하면서 두 사람의 스승을 만났다. Y 동기생과 K 평론가다. 교단에서 만난 스승은 아니지만 두 사람 모두 내가 쓴 글에 대하여 냉정한 평가를 서슴지 않고 나의 문필활동에 결정적인 동기를 만들어 주었기에 스승으로 대접하고 싶은 마음이 굳어졌다. 이 두 사람과 만나지 않았다면 나는 중도에 글 쓰는 일을 포기하고 허송세월로 시간을 낭비하고 있을 텐데, 참으로 다행한 만남이 아닐 수 없다. 특히 사제지간으로의 만남은 삶의 운명을 바꾸는 중대한 키포인트가 되고 있음을 수많은 인간관계가 증명하고 있지 않는가.

Y는 나의 글쓰기 공부를 가장 적극적으로 후원하는 참 스승이다. 그는 오랫동안 대학에 재직하면서 문학작품에 대한 조예가 깊이 쌓여 있다. 수필을 어떻게 써야 한다는 것을 전문가 못지않게 소상히 가르쳐준다. 나의 글이 잘못 쓰였거나 고쳐야 할 내용을 조목조목 지적해

주는 그 정성이 대단하다. 세상에 알려진 명수필가의 작법을 모방하려 하지 말고 나만의 색깔로 독자의 구미가 당기도록 글을 써야 한다고 조언한다. 무엇보다 나의 마음을 사로잡은 것은 그의 지도방법이다. 초창기에 쓴 한심한 나의 글을 K 평론가처럼 내팽개치지 않고 슬쩍 치켜 주면서 '액티브 시니어 찬사'라는 축하의 글을 써주었다. 몇 번을 읽어 봐도 나의 50편의 글보다 한 수 위 명문이다. 잘 쓴 축하글에 비하여 책 내용 글은 매우 조악粗惡하니 책을 배부하기가 두려워 중단하고 말았다.

몇 년의 세월이 흐른 뒤 친구가 나에게 말했다. 초창기에 나의 글을 읽고 바로 혹평을 날리려다 너무 기를 죽이면 포기할 것 같아서 계단을 밟아 올라가도록 돕겠다는 마음을 숨겨왔다고 한다. 이제는 어느 정도 글재주가 정착하는 것 같으나 아직도 문학작품으로 내놓기는 섣부르고 딱딱한 행정용어도 흠이라고 알려준다. 사실 수필교실도 친구의 권유가 없었다면 몇 년씩이나 이어가지 못했을 것이다. 또 지금까지 전화나 컴퓨터 메일은 물론 만날 때마다 성실하게 나의 작품에 대한 평설을 잊지 않는다. 아무런 대가도 없이 무료수강을 받는 재미가 쏠쏠하다. 수필공부에 필요한 참고서적도 꾸준히 보내주고 있다. 수십 권의 책값을 대신 내고 동기들에게 골고루 책을 나누어 준다. 이처럼 지극정성으로 도와주는 친구에게 무엇으로든 보상을 해서 마음의 짐을 덜어야겠다고 했더니, 언제고 나의 명작수필을 읽게 되면 그것으로 모든 보상은 끝난다고 한다. 그의 속 깊은 우정에 가슴이 벅차오른다. 종착역이 가까운 나의 인생길에 멋진 친구와 문학의 향기를 공유하며 깊은 우정을 이어가니 마냥 즐겁고 행복하다.

Y는 친구이기도지만 나는 그를 친구 이상으로 남달리 생각한다. 그에게 메일을 보낼 때는 첫머리에 '사우師友'라고 적는다. '스승으로 삼을 만한 벗'이란 뜻이다. 이 호칭이 친구에게 딱 맞는 나와의 관계이다. 스스로 나의 '1호 독자'가 되겠다고 자청하니 이리도 고마울 수가 있을까. 학교 때 반장이었던 그는 졸업 후 60년의 세월이 흘러간 지금도 동기생들에게 변함없는 반장 노릇을 충실히 하고 있다. 한평생을 살면서 어떤 친구를 만나느냐에 따라 인생길의 방향이 달라질 수 있다. 그는 분명 나의 인생행로에 등불을 비춰주는 길잡이다.

K 평론가의 잔인한 평가는 오래도록 가슴에 남아 잊히지 않는다. 문단에 입문하자마자 이처럼 가혹한 평가를 받을 줄 몰랐다. 권투선수의 KO펀치가 이 정도일까. 사연은 이렇다. 출판사를 경영하는 고향 후배의 권유로 50편의 글을 모아 자전수필집을 출판하였다. 수필이라 하기에는 부끄러운 그야말로 신변잡기를 모아놓은 책이다. 산문집이라 하지 않고 억지로 자전自傳이란 갓을 씌워 수필집 흉내를 낸 꼴이다. 그래도 평생 처음 출판하는 책이라 조금은 설레는 마음으로 독자들의 칭찬을 기대했는데, 칭찬은커녕 여기저기서 쓴소리만 들려온다. 바로 그때 K 평론가로부터 책을 보내 달라는 전갈을 받고 우송했더니 1주일 만에 '수필집이 아니므로 반송한다.'는 메모와 함께 보낸 책이 되돌아왔다. 아연실색하지 않을 수 없었다. K 평론가에 대한 분노의 감정에 가슴속 심장이 곤두박질친다.

놀란 가슴을 가까스로 가라앉히고 책이 반송된 이유를 확인하고자 50편의 글을 찬찬히 읽어 보았다. 재주가 메주인지 수필다운 글이 눈에 뜨이지 않는다. '수필집이 아니란 평가가 옳다'는 생각이 새삼 화석처럼 머리에 박힌다. K 평론가의 예리한 판단력을 감정만으로 부정할 수 없었다. 책을 빨리 내고 싶은 욕심에 멋모르고 덤벼들었다가 전문평론가에게 톡톡히 망신을 당한 셈이다. 이 수모를 견디고도 수필쓰기를 계속해야 할지 말지 고민 끝에 Y 친구에게 속사정을 털어놨더니 "고것 참 고소하다"며 불난 집에 부채질을 한다. 너무 속상한 마음에 예비용으로 보관하던 200권의 책을 모두 고물상에 넘겨버렸다. 이미 배부된 책도 할 수만 있다면 모두 거둬들여 땅속에 묻어버리고 싶은 심정이다. 지금도 나의 책을 읽은 어느 독자가 "그것도 수필집이라고 돌렸느냐"며 항의 전화가 올까 봐 두렵다.

K 평론가의 입장에서 생각해 보았다. 시, 소설, 수필 등 수많은 문학작품을 평론하면서 수필의 개념을 꿰뚫고 있는 전문가가 나의 잡문 부스러기를 수필이라고 평가해 주기에는 그의 자존심이 허락지 않았을 것이다. 아무리 동료문인이라도 '아닌 것은 아니다.'라고 솔직하게 평가해주는 그의 결단에 아무런 변명도 할 수가 없었다. '수필의 개념이 무엇인가'를 똑바로 이해할 수 있는 기회가 되었으니 오히려 고마울 따름이다. 스승의 채찍으로 알고 그에 대한 분노의 감정을 접기로 했다. 지금 한국문단에서 깃발을 날리는 유명작가들도 초회 심사평가에서는 대부분 퇴짜를 맞은 쓰라린 경험의 소유자들이다. 그들도 실패를 딛고 혼신의 노력을 기울여 작품창작에 몰두한 결과 오늘의 영

광을 누리고 있지 않는가.

Y 사우와 K 평론가는 나의 글공부 스승이다. 스승의 가르침대로 꾸준히 많은 책을 읽고, 깊이 생각하고, 쓴 글을 여러 번 다듬어서 빚어낸 명작수필을 두 분 스승께 선보이면 그때야 무릎을 탁 치며 "바로 이거야!" 하고 한바탕 파안대소破顔大笑 하지 않을까. 그런 모습을 이른 시일 내에 보고 싶지만, 결코 명작은 하루아침에 쓰이지 않으니 그때까지 창작의 고통을 참고 이겨내야 하리라. 대장간에서 쇠붙이를 뜨거운 불길에 여러 번 담금질을 하듯, 수필의 담금질도 수십 번을 반복해야 비로소 명작수필이 탄생되지 않겠는가.

# 보약 같은 친구

2021년 3월 20일 토요일 비가 내린다. 자주 다니는 산책 나들이를 오늘은 그만두어야겠다. 그렇지 않아도 괴질사태로 집 안에 갇혀 지내온 시간이 벌써 일 년이 넘었는데 오늘은 또 하루를 어떻게 보낼까, 무슨 재미있는 일이 없을까 이리저리 궁리해보지만 별다른 묘안이 생각나지 않는다. 거의 매일 하는 일이 습관처럼 똑같다. 거실과 안방을 왔다 갔다 하면서 TV를 켜고, 컴퓨터 자료를 뒤적이고, 핸드폰을 만지작거리는 일이 고작이다. 마침 친구가 전화해서 뭐하고 지내느냐고 하기에 장난삼아 '거안실업'에 취업했다고 엉뚱한 대답을 했더니 무슨 회사냐고 묻는다. 거실과 안방을 왔다 갔다 하는 사람들이 모인 회사라고 대답하니 어이없다는 듯 좋은 회사에 다닌다며 폭소를 터뜨린다. 같이 따라 웃으면서도 나 자신의 존재가 자꾸만 작아지고 깊은 늪으로 빠져들어 가는 느낌에 저절로 한숨이 나온다.

친구의 전화는 내가 어쩌다 뒤늦은 나이에 글을 쓴다고 껍죽거리며 자주 연락을 하다가 요즈음 몇 달간은 소식을 전하지 못했더니 조금 궁금했던 모양이다. 왜 글을 쓰지 않느냐고 닦달한다. 게으른 탓은 하지 않고 이런저런 핑계를 댔더니 다짜고짜 한 방 먹인다. "야 이 친구야. 배가 항구에 정박만 하고 있으면 어찌 배라 하겠느냐? 바다로 나가 오징어를 잡던지 수출품을 싣고 대양을 항해하든지 해야 배 노릇을 하지!" 하는 말에 정신이 번쩍 든다. 나의 글쓰기를 채근하는 그의 비유법이 놀랍고 전적으로 옳은 말이다. 배가 바다를 떠다니듯이 글쓰기도 쉬지 말고 꾸준히 다작해야 수작 하나라도 건질 수 있을 터인데 지금처럼 맥 놓고 한숨만 쉬고 있으면 무슨 글쟁이라 할 수 있겠는가.

요즈음 글쓰기를 게을리한 것은 신춘문예와 문학상 공모에 응모했다가 낙방하고 나서다. 나의 글재주가 어느 정도인지 확인해 보려고 공개된 경쟁에서 당선의 꿈을 기대했지만, 당선자의 작품을 읽어 보고는 나는 아직 그 수준에 이르지 못하고 있음을 실감했다. 역시 당선작은 고개를 끄덕이게 하는 수작이었다. 그만 기가 죽어 글쓸 생각이 나지 않는다. 지금까지 글을 쓰게 된 것도 6년 전 우연히 어느 월간 문예지에서 씌워주는 '등단'이란 감투에 홀리고부터이다. 우쭐한 기분에 닥치는 대로 신변잡사를 글로 옮겨 두 권의 책을 쓰고 여기저기 발표까지 했더니 놀랍게도 작가라는 호칭까지 붙여준다. 야, 자 하던 친구들이 갑자기 '이 작가'라고 불러주니 듣기에는 좋았지만 그런 호칭이 아직 나에게 과분하다는 사실을 스스로 잘 알고 있다. 두말할 것 없이 작가는 작품으로 평가받아야 함에도 나는 여태껏 많은 독자가 인정하고 감동을 안겨주는 좋은 글 한 편도 발표하지 못하고 있지 않은가.

친구 말대로 몇 달간 머물렀던 항구를 떠나 바다로 나가는 것처럼 좋은 글 한 편을 써보려고 이것저것 소재를 생각해 보지만 "이것이다" 하고 번개처럼 머릿속을 스치는 글감은 전연 떠오르지 않는다. 그래도 친구의 성화에 응답하려면 무슨 글이라도 끄적거려야 한다는 압박감에 엊그제 배달된 한국문인협회 계간지 '한국문학인'을 펼쳐보았다. 다른 작가들의 글을 읽어 보고 소재를 찾아보려는 꼼수에서다. 첫머리 「이 계절의 언어」에 실린 아동문학가 엄기원 님의 문협 시절 글 가운데 놀랍게도 친구의 서울시 재직시절 이야기가 제법 자세하게 실려 있었다. 언젠가 친구에게서 슬쩍 들은 기억은 있지만 활자화된 책에서 직접 읽으니 친구의 얼굴이 클로즈업되면서 문학에 대한 그의 남다른 애정과 관심을 새롭게 발견하게 되었다. 이처럼 훌륭한 친구와의 소중한 인연을 길이길이 간직하리라 마음속으로 다짐하며 책에 실린 원문을 요약하여 적어본다.

1994년 10월 1일 2일 양일간 문협이 주최하고 서울시가 후원한 '한민족문학인서울대회'가 서울 평창동 '라마다 올림피아호텔'에서 열렸다. 국내외 문인 300여 명이 참석한 이 대회에는 미국, 캐나다, 일본, 중국, 러시아, 독일, 호주 등 세계 각국에 사는 교포 문인들이 초청되었다. 참가자에게는 문협에서 발행한 서울 정도 600년 기념문집 『새로운 탄생을 위한 문학인의 발언』 책과 기념품을 선사했다. 첫날 전야제 환영 만찬에 이어 다음 날 본행사가 거행되었다. 황명 문협 이사장 개회사, 이원종 서울시장 대회사, 조병화, 조경희, 문덕수, 리진(모스크바 시인) 축사가 있었고, 발제 강연으로 신봉승 「문학의 진실성과 역사기술」, 박동규 「이야기가 있는 서울 만들기」 등 행사가 알차게 진행되었다. 저녁에는 서울시장이 한강유람선상에서 베푸는 만찬 행사가 있었는데 조병화 시인이 자작시를 낭송하고 참석한 문인들 모두 아름다운 서울 야경에 취해 감탄사를 연발하였다. 서울시가 후원한 이번 문협행사는 풍류를 즐기는 문인들에게 기쁨과 보람을 안겨준 멋진 대회였다.

윗글을 읽으니 주저앉고 싶었던 나의 글쓰기 의욕이 다시 살아난다. 좌절할 때마다 독려하고, 기회를 만들어 주는 친구는 나에게 스승과 같은 존재다. 그래서 메일 호칭을 사우師友라고 쓴다. 마치 체력을 보강하려고 보약을 먹는 것처럼 글을 쓰려는 의욕이 떨어질 때마다 칭찬과 채찍질로 다시 일으켜 세워주는 '보약 같은 친구'다. 청출어람靑出於藍이란 문구의 뜻을 일러주며 꼭 실천하라고 다그친다. 젊은 시절에는 친구의 출세가 부럽기도 했지만 나이 들어보니 이제는 친구 덕분에 덩달아 신분이 상승된 느낌이다. 그의 탁월한 학식과 화려한 경륜, 반듯한 처신은 나의 마음을 사로잡는다. 그는 분명 먼 길을 함께할 좋은 길동무, 나의 라피크Rafik다. 보약 같은 친구여, 그대 있어 살맛 나네.

# 고약한 친구

인간이 살아가는 과정에서 병마와의 사투는 어쩔 수 없이 겪는 일이다. 누구나 무병장수無病長壽를 바라지만 어디 마음대로 되는 일인가. 노년에 접어들면서 슬며시 찾아오는 여러 가지 질병은 아무리 쫓아버리려 해도 막무가내로 물러가지 않는다. 못된 질병과의 싸움에서 이겨보려고 여러 가지 신종약품이나 새로운 시술로 대응해 보지만 쉽게 정복되지도 않고, 완치 여부를 자신할 수도 없다. 이처럼 안타까운 질병과의 길고 긴 싸움은 오늘도 계속되고 있다.

나는 두 가지 병마와 매일같이 싸운다. 전립선비대증과 허리디스크라는 고질병이다. 우리네 노인세대가 안고 사는 흔한 질병으로 아무에게나 쉽게 털어놓기도 부끄럽다. 눈에 보이지도 않은 이 두 강적과의 싸움이 시작된 것은 고희古稀 나이를 막 넘긴 십여 년 전쯤이다. 아무 예고도 없이 어느 날 갑자기 나의 신체에 기습하여 매일같이 괴롭히니 당장 원인을 찾아내어 완치하고 싶었지만, 나의 무식한 의학 실력으로는 대적할 방법을 알 수가 없지 않는가. '병자랑은 하는 것이 좋다'는 말이 생각나 또래 친구에게 병 증세를 털어놓았더니 수술을 권유한다. 수술결과가 매우 좋다는 그 친구의 말에 솔깃하여 대학병원 유명의사를 찾아가 수술 의사를 밝혔다.

전립선비대증 수술 전 검사가 너무 힘들었다. 피검사, 소변검사, 항문검사, 초음파검사, 전신 영상검사는 기본이고 대장 세척제까지 먹인다. 또 다른 질병감염 여부를 확인하느라 온몸을 구석구석 뒤진다. 결국 나도 알지 못하는 폐결핵 병력까지 찾아내는 것을 보니 검사의 정확도는 놀라울 정도다. 어렵게 병상을 확보하고 수술 하루 전 입원을 했다. 늦은 밤 인턴으로 보이는 의사가 와서 수술과정을 설명한다. 레이저 의료기기를 신체 내부에 삽입하여 비대한 부위를 조금씩 깎아 낸다고 한다. 부분 마취를 해도 통증이 감지된다고 하니 두려운 생각이 들었다 더욱이 서명을 하라며 내미는 동의서를 읽다가 매우 기분 나쁜 문구가 눈에 띄었다. 수술과정에서 있을지도 모를 사망사고에 대하여 일체의 민, 형사책임을 병원 측에 묻지 않겠다는 조항이다. 갑자기 등골이 오싹해지는 기분에 그만 수술을 포기하고 퇴원해 버렸다. 수십만 원이나 되는 아까운 검사비만 날렸다.

허리디스크도 수술까지 염두에 두고 유명하다는 병원을 찾아가 힘든 검사과정을 모두 거쳤다. 마지막으로 주치의가 600만 원의 수술비용과 수술 전후 과정을 설명한다. 수술을 하더라도 완전히 회복되는 것은 아니고 또다시 재발할 수 있다는 말에 그만 수술하고 싶은 마음이 사그라진다. 비싼 비용을 들여 기대만큼 효과를 볼 수 없다면 지금의 고통을 참고 견디리라 마음을 고쳐먹고 병원 문을 나섰다. 많이 아플 때는 파스와 소염제 약으로 그때그때 임시 처방을 하거나 아내에게 만 원을 주고 허리 안마를 받기도 한다. 고통이 심할 때는 동네 병원에서 진통제 주사를 맞는다. 십여 년 넘게 허리디스크에 쓰인 파스와 약제를 모두 합치면 아마 한 가마니는 될 것 같다.

전립선비대증의 가장 큰 괴로움은 빈뇨頻尿다. 하루저녁에도 몇 차례 화장실을 들락거리다 보면 밤잠을 설치는 일이 잦다. 여행 중이거나 모임에 참석할 때도 화장실부터 찾는다. 고속도로 휴게소 화장실에서는 뒷사람들에게 눈총을 받을까 봐 맨 나중에 빈자리를 찾는다. 그래도 수술하다 의료사고를 당하는 것보다는 나으리라 생각하며 수술포기를 후회하지 않는다. 요즈음처럼 집에만 있을 때는 그나마 견딜 만하다. 허리디스크는 컴퓨터 앞에 오래 앉아 있으면 통증이 더 심하다. 좋아하는 고스톱게임으로 시간이 길어지면 아내의 잔소리를 들어야 한다. 북한산 둘레길이나 서오릉 산책길을 한 바퀴 돌아오면 통증이 가라앉고 한결 개운하다. 평생 고칠 수 없는 병이니 쫓아내려고 애쓸 게 아니라 병세를 조절하며 더 이상 악화되지 않게 다스리기로 마음을 바꿨다.

결국 퇴치하지 못한 두 가지 병마와의 싸움에서 나는 손을 들고 말았다. 십여 년 넘는 투병기간에도 회복 낌새는 전연 보이지 않고 고

통만 가중되고 있다. 수술이라는 최후의 처방으로 대적하려다 포기하고 말았으니 악질 병마는 내 몸속에서 더욱 활개 치며 정상적인 신체 활동을 위협하고 있다. 건강하지 못한 나 자신을 원망해봐야 괴로울 뿐이니 이제는 병마와 함께 사이좋게 지내는 방법을 터득해야겠다. 만성질환을 꺾을 수 없다면 어차피 죽을 때까지 공존하는 수밖에 없지 않는가. 속상하고 답답하지만 어쩔 수 없는 일이다. 나의 잘못이 아니고 나이가 들어 건강이 나빠지는 것은 자연스러운 일이고, 신체 기능의 노화는 원래 비가역적非可逆的이라 어떤 치료를 하더라도 온전히 되돌리기는 불가능한 일이다.

앞으로 몇 년 후에는 더 많은 병을 끌어안고 살아가게 될지도 모른다. 80년 넘게 사용한 내 몸에 찾아오는 병을 완전히 피할 방법은 없다. 점점 노쇠해져 가는 미래가 두렵고 불안하지만 어찌할 것인가. 불안은 더 큰 불안을 낳을 뿐이다. 차라리 병을 인정하고 고약한 친구쯤으로 여기며 함께 살아가는 방안을 찾는 것이 훨씬 편안한 삶을 누릴 수 있으리라.

# 마지막 싸움

인간은 누구나 무병장수無病長壽를 소원하지만 어쩔 수 없이 생로병사生老病死의 길을 걷는다. 한 치의 양보도 예외도 없는 만고불변의 철칙이다. 영웅호걸도 백만장자도 만인이 선망하는 유명 스타들도 모두 세월 앞에 무릎을 꿇었다. 세월을 이길 장사가 있으랴? 진시황의 불로초는 이 세상 어디에도 존재하지 않는다. 때가 되면 너도 가고 나도 가야 한다. 가지 않으려고 발버둥 치면 조금은 연기될지 몰라도 반드시 가야 하는 길이다. 그렇다고 삶을 포기하고 가만히 앉아 기다릴 수만은 없지 않은가. 갈 때 가더라도 마지막까지 병마와 싸우는 일은 인간 개개인의 몫이다. 어느 사이 80 고개를 넘어 미수米壽가 다가오는 나이에 네 가지 악질 병마와 사투를 벌이고 있다. 또 예상치 못한 악질惡疾이 언제 기습할지 불안하고 두렵다. 이 마지막 싸움에서 이길 가능성은 기대하기 어렵다. 그래도 전분세락轉糞世樂이라 하였으니 단 하루라도 이 세상에 남아서 그리운 사람을 만나고, 맛있는 음식을 먹고, 아름다운 자연을 즐기고 싶다.

가장 먼저 시작된 싸움은 안眼질환이다. 50대 초반 나이에 갑자기 시력이 떨어져 신문과 공문서 글씨가 잘 보이지 않아 부득이 돋보기를 쓰기 시작했다. 신체의 노화를 처음으로 맞이하는 현상이다. 돋보기를 써야 글씨를 선명하게 볼 수 있으니 어쩔 수 없이 도수를 높여가며 지금의 손전화처럼 상시 휴대품으로 갖고 다녔다. 돋보기를 두고 상사에게 결재를 받으려다 기안 문서를 설명하지 못해 눈총을 받기도 하고, 작은 글씨를 읽지 못해 옆 사람에게 부탁하는 일이 잦았다. 돋보기 시대를 마감한 것은 퇴직 후 백내장이 심하다는 판정을 받고 유명한 의사를 찾아가 양쪽 눈을 번갈아 수술하고부터다. 인공수정체를 끼워 넣었지만 불편함을 모르고 지금은 돋보기를 쓰지 않고도 신문과 컴퓨터 글씨를 읽을 수 있다. 옛말에 '몸이 100냥이면 눈이 99냥'이라고 하였고, 백문이불여일견百聞而不如一見이라는 말도 있으니 눈의 관리가 무엇보다 중요하다는 사실을 뒤늦게 깨달았다.

두 번째 맞은 싸움은 치아질환이다. 안질환과 거의 같은 시기에 한두 개씩 흔들리기 시작하더니 급기야 어금니부터 발치가 시작되고 결국 틀니까지 하게 되었다. 틀니가 얼마나 불편한가는 설명할 것도 없이 노령화에 접어든 많은 사람이 겪어 본 경험이다. 돋보기처럼 틀니도 가끔 잊어버리면 외모가 흉하고 음식도 마음대로 씹을 수 없으며 발음도 부정확하다. 직장생활을 하면서 돋보기에 틀니에 대머리까지 합세했으니 나의 볼품없는 몰골이 수많은 사람을 만날 때마다 부끄러웠다. 틀니시대를 마감한 것은 임플란트 시술이 시작되면서부터다. 이 시술도 퇴직 후에 하나둘 임플란트 치아로 교체하면서 지금은 28개 성인 치아 개수 중 반 정도가 금속 말뚝을 박은 가짜 치아다. 남아 있는 본치도 언제 가짜로 바꿔나가야 할지 생각만 해도 끔찍하다. 앞니 한 개가 또 흔들리고 있어 발치 시기가 임박하다. 치과 의자에 누워 금속 말뚝을 박은 모니터 사진을 들여다보고 있으면 정말 징그럽다. 건치가 오복의 하나라고 흔히들 얘기하는 소리가 틀린 말은 아닌 것 같다.

세 번째 맞은 싸움은 허리디스크 협착증이다. 나를 괴롭히는 가장 고질적인 병마다. 10여 년 넘게 이 병에 시달리면서 예방과 치료를 거듭했지만 나아지기는커녕 점점 심해지고 있다. 최근 정밀 촬영 결과 척추뼈 5개소가 연골 부족으로 가까이 붙어서 심한 통증을 느끼고 그 상태가 조금씩 다리 쪽으로 내려가고 있다고 한다. 수술이 두려워 척추 사이에 약물을 주입하는 시술치료를 네 군데 병원을 찾아다니며 치료를 받아보았으나 오래가지 않고 재발한다. 담당 의사는 고령이라 척추 수술을 선뜻 권유하기가 조심스러우니 현 상태에서 약물치료로 참고 견뎌내란다. 완치가 어렵다는 결론이니 포기하고 고통을 감내하며 여생을 살아갈 수밖에 없는 처지가 되었다. 하루에도 몇 번씩 움지일 때마다 "아이고 허리야" 하는 신음이 저절로 나온다. 통증이 심하면 진통제 주사를 맞고 허리에 케토톱 파스를 누덕누덕 붙여서 아픈 시간을 참아낸다.

네 번째 맞은 싸움은 전립선비대증이다. 세상에 이런 몹쓸 병이 왜 생겨나는지 밤마다 여러 차례 소변 때문에 잠을 설치는 일이 계속되고 있다. 빨리 배뇨가 되지 않아 회장실에서 다른 사람의 눈치를 보며 겨우 해결하고 나올 때마다 수치심을 느낀다. 유명 의사의 수술 권유를 받고 수술 전날 밤 사망동의서에 서명하라기에 포기하고 말았다. 목숨 걸고 수술하기는 싫었다. 의료사고의 책임을 환자에게 떠넘기려는 병원 측의 처사가 얄미웠다. 지금까지 의사가 처방해주는 약물로 하루하루를 버틴다. 이 병은 완치하기 어려운 고질병으로 허리협착증과 함께 이 세상에 살아 있는 동안 계속 치열하게 싸워야 할 나의 최대의 적이다.

하루, 한 달, 한 해를 살아가면서 위 네 가지 병마와의 싸움은 끝이 없다. 이 목숨 다하는 날까지 적과의 동침이다. 수없이 병원을 들락거리며 검사를 받고 매일같이 약물을 몸속에 투여하니 오장육부가 편할 날이 있겠는가. 눈과 치아 질환은 현대 의학의 신통한 의술로 어느 정도 극복할 수 있었으나 허리협착증과 전립선비대증과의 싸움은 결국 이기지 못하고 언젠가는 백기를 들 날이 가까워지고 있음을 예감한다. 그때까지 싸울 대책도 빈약하다. 물리치료나 약물로는 그때뿐 계속되는 고통을 근본적으로 치유할 수 없다. 거리에 다니다 허리가 꼬부라져 지팡이를 짚고 다니는 노인들을 보면 나도 언젠가 저렇게 되겠지 생각하니 암담한 심정을 가눌 수가 없다. 아직은 허리를 꼿꼿이 세우고 걸어 다니고 있으니 그나마 다행이며, 한 번도 고혈압, 당뇨, 암 진단을 받은 적은 없으니 장수하신 어머니의 건강한 체질을 물려받아 지금껏 버틸 힘이 되었으리라.

인간이 삶의 과정에서 질병과의 싸움은 피할 수 없는 운명이다. 인체 기능이 노화되면서 자연 발생하는 온갖 질병을 막아내기가 어렵고 현상 유지하기도 급급하다. 더욱이 코로나처럼 인체 밖에서 예상치 못한 괴질이 만연하면 미처 대처할 사이도 없이 인간이 나약함을 여지없이 보여준다. 벌써 일 년이 넘도록 전 세계 사람들이 마스크로 입을 막고 이 괴질과 싸우느라 안간힘을 쓰고 있다. 삽시간에 온 세상을 묶어 놓은 이 괴상한 질병으로 이미 엄청난 희생자가 발생하였고, 아직도 온전한 치료 방법을 찾지 못해 허둥지둥하고 있다. 하루속히 마스크를 벗고 마음대로 다니고 싶지만 언제 이 괴질소동이 수그러드는지 하루하루 답답한 시간이 흘러간다. 질병 없는 세상은 언제 오려나.

인간의 작은 체구 안팎으로 조여드는 병마와의 싸움에서 대세는 이미 기울어진 상태다. 이 마지막 싸움의 패자는 이승을 떠나야 한다. 언제고 떠나야 할 이 세상에서 나의 할 일이 무엇인지 곰곰이 생각해 본다. 남아 있는 가족에게 작은 부담이라도 남기지 않고 조용히 떠나고 싶다. 내가 영면할 장소는 어디로 정하면 좋을까, 장례 절차는 어떻게 해야 가족의 부담을 덜어줄까 생각을 거듭한 끝에 결심을 굳혔다. 고향 선산으로 가지 않고 서울 근교 시립묘지에 사후 아내와 함께 합장하라고 자식들에게 알렸다. 합장을 결심한 것은 살아서는 함께 늙고 죽어서는 함께 묻히려는 해로동혈偕老同穴의 의지를 실천하고 싶어서다. 이제 질병 없는 그곳에서 편안히 쉬리라.

# 부지깽이

어머니께서 이 세상을 하직하신 지도 벌써 10년이 넘는 세월이 흘러갔다. 떠나가실 때 연치年齒가 97세였으니 이 땅에 태어나 거의 한 세기 동안 격랑의 파고를 곡예사처럼 용하게도 타고 넘으며 살아오셨다. 몇 가구 되지 않는 깊은 산골 마을로 열다섯 살에 시집을 와서 두 살이나 어린 지아비의 아랫도리옷을 벗기고 목욕까지 시켜 주었다고 한다. 혈육으로 여섯 남매를 출산하여 두 아이는 일찍 사망하고 네 남매가 아직 살아 있으나 형님과 나는 이미 80대 나이고 두 동생은 70대다. 어머니는 30대 중반에 6·25전쟁 소용돌이 속에 아버지를 잃고 청상과부가 되어 우리 네 남매를 키우셨다. 어머니가 겪은 모진 고생은 그야말로 눈물로 얼룩진 여자의 일생이었다. 어머니 생각이 떠오를 때면 언제나 부엌 아궁이 앞에서 부지깽이로 땔감을 밀어 넣으며 눈물을 훔치시던 어머니 모습이 잊히지 않는다. 그 눈물은 매운 연기와 고된 시집살이의 설움이 한데 어우러져 흘러내리는 눈물이었으리라.

부지깽이는 아궁이에 불을 땔 때, 불더미를 헤치거나 끌어내는데 쓰는 나무 막대기다. 산에서 베어온 땔감 중에서 잘 부러지지 않는 싸리나무가 주로 쓰였다. 하루 몇 차례씩 사용하다 보니 어머니에겐 가장 친숙한 생활 도구가 되었다. 지금은 땔감을 쓰지 않으니 부지깽이가 사라진 시대지만 오랜 세월 우리의 어머니들은 부엌에서 부지깽이로 적당히 불을 조절하면서 밥을 짓고, 국을 끓이고, 감자도 찌고, 미역국도 끓였다. 처음 불을 지필 때 불쏘시개로는 바짝 마른 솔잎이 불이 잘 붙는다. 가마솥에 불을 지펴야 할 온갖 일들은 모두 부지깽이가 지금의 리모컨처럼 사용되었다. 부지깽이로 불 속을 들쑤시면 산소가 공급되는 공간이 만들어져 불이 잘도 탄다. 불 속을 휘젓다 보니 끝이 까맣게 탄 부지깽이가 늘 부엌 구석에 세워져 있던 시절이 지금도 눈에 선하다.

아궁이에 타는 불이 너무 세거나 약하면 부지깽이로 잘 조절해서 가마 속 식품이 타지 않게 해야 하는데 다른 일을 하다가 그만 깜박 잊고 그대로 두면 고두밥이나 죽밥이 되기가 십상이다. 그리되면 어김없이 할머니의 볼멘소리를 들어야 한다. 가끔 할머니 꾸중을 말없이 듣고 계시던 어머니 모습이 가련하게 보였다. 우리 할머니는 며느리를 지독하게 야단치는 시어머니로 이미 동네 사람들 입방아에 단골 메뉴로 등장한다. 또래 아주머니들끼리 우물가에서 만나면 “한내 댁은 별난 시어머니를 잘도 모시네.” 하면서 어머니를 위로하기도 하였다. 한내 댁은 어머니가 대천大川이란 곳에서 시집을 왔기에 우리말로 붙여진 택호이다.

이 부지깽이는 가끔 다른 용도로도 쓰인다. 밥을 짓고 남은 아궁이 잔불에 감자나 밤을 구워 먹을 때는 부지깽이가 제격이다. 한번은 생밤을 구워 먹다가 그만 터지는 바람에 뜨거운 재를 얼굴에 덮어쓴 일도 있었다. 집에서 기르는 개나 닭이 부엌으로 들어와 먹을 것을 훔치려고 하면 부지깽이를 휘둘러 내쫓기도 하고, 동네 아이들과 마당에서 땅따먹기하려고 줄을 그을 때도 부엌에 있는 부지깽이를 사용한다. 밤중에 오줌 지도를 그린 이웃집 아이가 키를 쓰고 소금을 꾸러 왔을 때 할머니가 연기가 폴폴 나는 부지깽이로 닦달하시던 장면이 머릿속에 그려진다. 그 아이는 지금쯤 노인이 되어 어디에 살고 있는지 그때 겪은 부지깽이 곤욕을 평생 잊지 않고 기억하고 있으리라.

초등학교 시절 같은 반 친구는 공부를 안 하고 온종일 강가에서 놀다가 자기 어머니 부지깽이 세례를 피해 우리 집으로 도망쳐온 일도 있었다. 이처럼 아이들 훈육에도 쓰였다고 하나 나는 한 번도 어머니로부터 부지깽이로 맞아 본 일은 없다. 김주영 소설 『홍어』에서 부엌에 숨은 삼례를 부지깽이로 쿡쿡 찌르는 장면이 나온다. 가을철 앞마당에 빨갛게 익은 대추 서리를 할 때도 부지깽이로 두드리면 빨간 대추가 나무 밑으로 우두둑 떨어졌다. 마당에서 깨나 콩 단을 털 때도 유용하게 쓰였다. 모내기 철에는 부지깽이도 뛴다고 하였다. 한창 바쁜 농번기에 농부들의 세 끼 식사와 참까지 준비하노라면 부지깽이도 여러 번 급하게 사용되었음을 알 수 있다.

또 어머니가 마당에서 할머니와 함께 길쌈 일을 할 때면 나보고 부엌에 있는 부지깽이를 가져오라고 하셨다. 더운 여름철에 마당에 약한 불더미를 만들어 놓고 삼베나 무명실을 가늘게 뽑아내는 힘든 작업 과정을 실수 없이 하려고 땀을 흘리며 애쓰시던 어머니 모습이 잊히지 않는다. 잘못하면 애써 뽑아낸 실타래를 태울 수도 있으므로 부지깽이로 불더미를 이리저리 파헤쳐 온도를 알맞게 맞추는데 나도 한몫 거들었다. 이렇게 만들어진 무명실감으로 베틀에서 옷감을 짠다. 초등학교 시절 밤늦도록 베틀 소리를 들으며 어머니는 언제 주무실까 기다리기도 했다. 매우 힘든 과정을 거쳐 만들어진 필목을 일 년에 몇 필씩 장날에 내다 팔아 돈을 마련하였다. 아버지 면서기 급여 대신 어머니가 집에서 목돈을 마련할 수 있는 유일한 수입원이었다. 이렇게 부부가 알뜰히 돈을 모아 논밭을 한 마지기씩 불려 나가다 보니 어느새 동네 알부자로 소문이 났다. 그때가 온 가족 일곱 명이 오손도손 함께 모여 살았던 가장 행복한 시절이었다.

아침 식사를 차리느라 싱크대 앞에 선 아내를 바라본다. 옛날 생각이 떠올라 그때와 지금 우리들의 삶의 환경을 가만히 비교해 보니 엄청나게 달라졌다. 초가집은 아파트로, 호롱불은 전기로, 우물물은 수도로, 땔감은 가스로, 부엌은 싱크대로, 가마솥은 전기밥통으로 생활 방식이 가히 천지개벽이라고 할 만큼 바뀌었다. 어머니 시대는 초가집 컴컴한 부엌에서 우물물을 길어 가마솥 아궁이에 나무로 불을 때서 차린 밥상을 호롱불을 켜고 온 가족이 모여 식사를 했다. 지금 아내는 깨끗한 싱크대 앞에서 수도꼭지에서 쏟아지는 더운물로 쌀을 씻어 전기밥통에 넣고 조금 기다리면 밥이 다 되었다고 알려주는 호강을 누리고 산다. 얼마나 편하고 풍요로운 시대에 살고 있는가. 어머니와 아내의 시대가 이렇게 달라도 어머니는 아무 불평 없이 시어머니 잔소리를 들으며 살아오셨는데, 지금의 아내들은 과연 어머니 시대처럼 살 수 있을는지 선뜻 대답할 말이 나오지 않는다.

나는 지금도 어머니가 생전에 기거하시던 그 방에서 잠을 잔다. 문득문득 추억에 잠길 때면 고향 초가집의 부엌 전경과 부지깽이를 들고 계시던 어머니 모습이 떠오른다. 부지깽이 시절에 겪었던 갖가지 추억은 흘러가 버린 시간 속으로 사라졌다. 그 추억의 저편에서 어머니의 환영이 그리움으로 다가온다. 다시 그 시절로 되돌아가 어머니와 함께 아궁이 앞에서 감자를 구워 먹고 싶은 마음이 불현듯 솟구치며 정다운 이름 부지깽이가 눈앞에 아른거린다. 아, 나의 어린 시절이여.

# 슬픈 가족사

신종 코로나19라는 괴이한 질병이 전 세계를 휩쓸고 있다. 나라마다 온갖 방역수단을 동원하여 확산 기세를 꺾어보려 하지만 좀처럼 수그러지지 않고 수많은 지구촌 사람들이 두려움에 떨고 있다. 너나없이 마스크를 쓰고 거리에 다니는 모습이 보기에 민망하고 답답하다. 괴질을 피해보려는 나약한 인간 군상들의 가련한 몸부림이다. 보이지도 않는 괴질에 겁을 집어먹고 기껏해야 입마개나 손 씻기로 대처하고 외출을 삼가라고 한다. 이러고도 인간을 만물의 영장이라고 할 수 있겠는가. 자신들을 살상하는 무기 개발에는 열중하면서도 질병연구에 투자하여 예방약을 미리 만드는 일에는 등한시하였으니 당연한 업보이며 인간의 오만함을 꾸짖는 재앙이다. 이제부터라도 사후약 공론은 그만두고 인간이 정복하지 못한 질병 예방에 전력을 기울여야 하리라.

근년에만 해도 광우병 소동이나 사스, 신종플루, 메르스 같은 전염병으로 인적 물적 피해가 엄청나다. 발병 원인조차 규명하지 못하고 대처할 겨를도 없이 삽시간에 전국적으로 퍼져 나간다. 몇 년 간격으로 변종 바이러스가 계속 생겨나고 있다. 내가 겪은 가장 무서운 전염병은 해방 이듬해에 창궐한 콜레라였다. 일명 호열자란 병명이 전국을 휩쓸었으며 수백 명의 목숨을 앗아갔다. 우리 집은 괴질 콜레라에 폭삭 망했다. 하루 사이에 조부모, 숙모, 어린 아기, 백부, 사촌누이까지 모두 여섯 명이 한꺼번에 사망하였다. 네 분의 제삿날이 똑같은 날이다. 아버지께서 강 건너 서치西治라는 마을에 시신을 수습하러 갔는데 끔찍한 현장은 목불인견의 참상이었다고 하셨다. 조부님은 마당에서, 조모님은 안방에서, 숙모님은 변소에서 쓰러져 계셨고, 아기는 숙모님의 젖을 문 채 싸늘한 시체가 되어 있더란다. 변소까지 기어간 것은 인분이라도 먹고 살아보려는 마지막 발악의 흔적으로 보였다니 세상에 어찌 이런 참혹한 장면이 벌어질 수 있단 말인가.

아버지께서는 인근에 사는 친척 형과 함께 우선 여섯 구의 시신을 뒷산에 묻으려고 지게에 한 사람씩 지고 가파른 언덕길을 오르려다 그만 넘어져 시신과 함께 뒹굴었다고 한다. 정말 울 수도 웃을 수도 없는 기막힌 장면이 벌어진 것이다. 간신히 시신을 수습하고 다시 강을 건너 귀가하려 하였으나 동네 사람들이 전염병이 옮긴다고 돌아오지 못하게 하여 할 수 없이 강둑에 움막을 치고 한 달을 버티다 겨우 집으로 돌아오셨다. 어머니께서는 위험을 무릅쓰고 아버지의 옷가지와 음식을 매일같이 전달하셨으니 전염병균도 어머니의 정성에 감동한 탓인지 다행히 우리 가족들에게는 전염되지 않았다.

아버지는 절손이 된 종조부 앞으로 양자를 가는 바람에 오히려 친조부 가정이 그만 후사가 끊긴 절손가정이 되고 말았다. 숙부의 일제 강제징용 사망과 남은 가족이 콜레라로 전멸하는 비극을 맞았기 때문이다. 당연히 대를 이을 숙부께서는 1945년 3월에 일본 규슈 아이치현 탄광에서 24세의 젊은 나이에 고혼이 되시고 유일한 유복자로 태어난 아기마저 숨졌으니 친자가 대를 이을 방법은 영원히 사라지고 만 것이다. 하는 수 없이 집안 어른들끼리 숙의한 결과 고육지책으로 나를 숙부의 양자로 입적하는 결정을 내렸다, 당시 나이 일곱 살로 초등학교 일 학년에 갓 입학한 시기였다. 나는 양자가 무엇인지 부모님과 형제자매간에 족보상 촌수가 어떻게 다른지도 전연 알지 못하고 지내다가 결혼 후 제사를 맡으면서 양자의 책임을 실감하게 되었다. 후사문제를 해결하기 위하여 형제간에 서로 양자를 주고받다 보니 친형제가 사촌이 되고 사촌이 육촌이 되는 웃지 못할 집안 내력이 되고 만 것이다.

이로써 친부인 아버지는 족보상 백부가 되어버렸고, 지금껏 양부가 된 숙부의 제사를 50년 넘게 모시고 있다. 나는 친부의 차남이니 애초에 제사 부담은 없었음에도 숙부 양자라는 책임 때문에 제사를 떠안게 된 것이다. 아버지 입장에서 보면 본인도 종조부의 양자가 되었다가 또다시 본인 차남인 나를 친조부 양자로 보냈으니 양자로 와서 양자를 보낸 기구한 운명의 주인공이시다. 우리 관습에 굳이 양자를 입적하는 것은 후사문제와 제사 책임을 지우는 일 때문이다. 제사를 가볍게 생각할 일은 아니다. 우리나라 유교 관습상 제사는 중요한 의미를 갖는다. 제사를 귀찮게 생각하지 말고 우리 고유의 전통을 지켜가는 일이 더 가치 있는 풍습임을 알아야 할 것이다. 그럼에도 결혼을 하고 아내로부터 차남인데 왜 제사를 모시느냐고 귀찮아하는 눈치를 보일 때면 복잡하게 얽힌 양자 관계를 설명하느라 괴로운 심정을 참을 수밖에 없었다. 결혼 초에는 제사문제로 말다툼도 여러 번 하였으나 몇 년 전부터 기제사 세 번을 명절 제사 두 번에 합치고 나서는 불평 없이 성실히 차리고 있어 고맙게 여긴다.

신종 코로나19 같은 괴질이 돌 때마다 70여 년 전 콜레라의 후유증을 평생 안고 살아가는 나의 슬픈 가족사가 되살아나 가슴 아프다. 되돌릴 수 없는 일이지만 우리 집안의 운명을 바꾼 두 가지 사건이 한없이 서글프다. 한 가지는 면사무소 병사 담당으로 계시던 아버지가 숙부를 강제징용대상자로 차출한 과오이다. 병사 책임자로 면민의 여론이 두려워 동생을 솔선하여 차출하였으니 결과적으로 일제에 충성하여 동생의 아까운 목숨을 잃게 한 것이다. 알량한 면서기 체면 때문에 동생을 사지로 보냈으니 숙모님의 원망이 오직 했겠으며 아버지 자신은 죄책감에 얼마나 괴로워했을까. 5개월 뒤 해방이 되었으니 만약 차출되지 않았다면 숙부 가정은 후사 걱정 없이 정상적인 가정으로 대가 이어졌을 것이니 나 또한 양자로 입적되지 않고 수십 년 제사 부담도 떠맡지 않았을 것이다. 다른 한 가지는 유복자로 태어난 아기라도 살아주기를 간절히 바랐으나 모두 물거품이 되고 말았다.

요즈음 신종 코로나19 사태를 겪으며 사소한 일상이 자유롭지 못하니 불편하기 그지없고, 하루속히 진정되기를 소망하지만, 또 다른 신종 코로나가 시리즈로 나타나지 않을까 우려된다. 전문가들도 안심할 수 없는 단계라고 하니 언제까지 마스크를 쓰고 다녀야 한단 말인가. 한편 어느 정치세력이 불안한 재앙시국을 집권 유지수단으로 저울질하며 역이용하려는 엉뚱한 생각을 품지나 않을는지 섣부른 예감이 기우이길 바랄 뿐이다. 지난 몇 년간 정권이 바뀔 때마다 재앙사태를 핑계로 나라를 혼란에 빠트린 전례가 있기 때문이다. 광우병 파동이나 세월호 촛불집회가 그러했다. 결국 광우병은 거짓으로 드러났으며 촛불집회로 현직 대통령을 탄핵했다.

한국은 신종 코로나19 발생 당시에 중국 다음으로 확진자가 폭증하였으나 베트남이나 몽골처럼 신속하고 엄정한 대응을 하지 않고 어설픈 미봉책으로 확산 기세를 키웠다. 세계 100여 개 국가에서 한국인의 입국을 막았으나 한국은 외국인의 입국을 제한하지 않았다. 무엇보다 감염원을 틀어막는 일이 1차적인 방역 대책임에도 "중국의 운명이 우리의 운명이다."라고 아첨하면서 시진핑 방한을 염두에 두고 중국의 눈치를 살폈다. 중국인이 우리 국민과 같은 대우를 받으며 수만 명이 입국하는 과정에서 감염 확진자가 늘어나자 오히려 중국에서 한국인의 입국을 통제하고 체류 한국인을 강제격리하며 홀대하고 있다. 적반하장이고 배은망덕이다. 심지어 우한 발원지를 은폐하려고 자국의 최초 발설자를 제거하고, 마치 처음 발원지가 다른 나라인 것처럼 허위정보를 슬쩍 흘린다. 트럼프 대통령은 중국에 편중한 WHO

를 탈퇴하겠다고 공언했다.

이처럼 심각한 상황에서도 국정 최고 책임자는 초기 대응에 실패한 책임을 호도하고, 국익을 거론하며 직접 중국인의 입국을 막지 않겠다고 호언한다. 나랏빚이야 늘어나든 말든 수조 원의 재난지원금을 풀어 선심을 쓴다. 역대 최대 추경 집행을 또 추진하고 있다. 희희낙락하는 국민들은 공짜인 줄 알지만, 세상에 공짜란 없다. 언젠가는 지원받은 금액만큼 대가를 치르고 말리라. 과거 본인은 야당 대표 시절에 당시 대통령을 메르스의 슈퍼 전파자라고 폭언을 하며 사과를 요구한 사실도 있다. 이제 똑같은 재앙사태를 두고 위치가 바뀐 입장에서 무슨 말로 자가당착自家撞着에 빠진 모순을 해명할 수 있을 것인가.

# 주소 없는 편지

아버지! 어디에 계시온지요? 6·25 전쟁 중에 홀연히 집을 나가신 후, 여태껏 돌아오시지 않으니 어찌 된 일입니까. 벌써 70년 세월이 흘렀습니다. 제가 아버지를 마지막으로 뵈온 때가 초등학교 6학년 열 세 살이었습니다. 그때부터 지금까지 아버지를 기다려 왔습니다. 처음 몇 년간은 곧 돌아오시리라 기대하면서 아버지가 가실 만한 곳을 찾아다녔습니다. 혹시 아버지를 보신 분이 있으면 소식이라도 전해 들을까 일일여삼추一日如三秋로 기다려 왔습니다. 노심초사勞心焦思하며 기다린 세월이 이처럼 길어질 줄은 전연 생각지도 못했습니다. 부모 자식 간에 생이별로 살아온 세월이 너무 한스러워 가슴에 맺힌 피멍이 풀리지 않고 있습니다. 무슨 이유로 무엇 때문에 돌아오지 못하고 계시는지요.

아버지가 안 계신 우리 집은 하루아침에 폭삭 망했습니다. 집이 대들보가 무너졌으니 그 집이 온전하겠습니까. 아버지께서 애써 쌓아온 탄탄한 살림살이가 얼마 가지 않아 거덜났습니다. 가까운 친척 아저씨가 대구에서 아버지를 본 사람이 있다고 어머니를 꼬드겨 문전옥답을 급매물로 헐값에 팔아 전국을 다니며 탕진하였습니다. 이런 방식으로 야금야금 토지를 팔아 몇 차례 서울, 부산 등지를 다니며 아버지를 찾아보았지만 언제나 허탕이었습니다. 어머니께서 친척 아저씨에게 속았다는 사실을 나중에 알아차리고 한없이 후회하셨습니다. 그 당시 어머니 입장에서는 논밭 몇 마지기가 없어지더라도 아버지만 찾을 수 있다면 모든 것이 해결된다고 생각하셨을 겁니다. 어린 자식들은 아무것도 모르고 어머니 혼자 결정하셨으니 감언이설로 어머니를 속인 친척 아저씨가 몹시 원망스럽습니다.

그렇게 아버지는 돌아오시지도 않고, 찾지도 못하고 몇 년의 세월이 흘렀습니다. 가정에 충실했던 아버지께서 이토록 박절하게 연락을 끊고 감감무소식으로 지내실 분이 아닌데 아무래도 어디서 운명하시지 않았을까, 의심이 들기 시작했습니다. 혹시나 해서 여러 명의 시체가 묻혔다는 어느 산골짜기에 아버지 시신이라도 찾아보겠다고 종조부와 어머니가 함께 나섰습니다. 시신을 수습할 삼베를 싸 들고 찾아간 그곳에서도 아버지 흔적은 찾을 수 없었습니다. 하도 답답해서 무속인을 찾아가 아버지의 생사와 언제쯤 귀가하실는지 알고 싶다고 하였더니 살아 계시다며 다가오는 가을쯤에는 무슨 소식이 있을 거라고 하였습니다. 반가운 마음에 잔뜩 기대하고 아침에 까치 소리만 들려도 오늘은 무슨 소식이 있으려나 날마다 애타게 기다렸습니다. 그해 가을

이 다 가도록 종무소식終無消息이니 무속인의 예언도 엉터리였습니다.

아버지에 대한 모든 기억은 열세 살에 멈추어 버렸습니다. 그 이후는 아버지에 대한 그리움을 안고 편모슬하에서 질곡의 세월을 살아온 기억뿐입니다. 졸지에 고만고만한 어린 네 남매의 뒷바라지는 어머니 혼자 떠안게 되었으니 그 고생이 오죽했겠습니까? 어머니께서는 훗날 아버지를 기다리는 마음보다 네 남매를 어떻게 키워낼까 더 걱정하셨다고 합니다. 아버지에 대한 그리움은 속으로 감추시고 오직 자식만을 위해 희생하신 어머니의 한 많은 생애를 아버지께서는 알아주셔야 합니다. 다른 세상에서 두 분이 다시 만나면 미안하다는 말씀 한마디라도 해 주세요. 아버지는 우리 집안에서 유일한 공직자로 글씨도 잘 쓰시고 동네 사람들로부터 똑똑하다는 찬사를 들으며 면사무소 총무일을 보고 계셨습니다. 전쟁만 터지지 않았으면 남부럽지 않게 잘 살았을 텐데 아버지의 실종으로 우리 가정은 완전히 몰락하였습니다.

어머니와 함께 고생하며 살아온 슬픈 사연은 이 편지에 다 적을 수 없습니다. 끼니를 이을 식량을 구하지 못해 배고픈 설움을 많이도 겪었습니다. 중고등학교 30리 길 왕복 통학을 하면서 신발 살 돈이 없어 결석을 자주 하였고, 어머니 심부름으로 동네 잘사는 집에 돈을 꾸러 다니는 일이 정말 싫었습니다. 식사 시간에 친척 집에 갔다가 먹고 있던 밥그릇을 치워버리는 수모도 당했습니다. 밥알이 보이지 않는 멀건 갱죽羹粥으로 끼니를 때우니 허기진 배 속에서 꼬르륵 소리가 났습니다. 그래도 자식들을 굶기지 않으려고 뙤약볕 아래서 조밭

김매기를 하시던 어머니의 가련한 모습이 기억 속에서 지워지지 않습니다. 아버지 한 사람의 부재가 온 식구를 이토록 가난에 찌들게 하였으니 한 가정에서 아버지의 위치가 얼마나 위대하고 절실한 존재임을 뼈저리게 깨달았습니다.

아버지 자식 네 남매는 모진 가난을 이겨내며 자수성가自手成家하여 지금은 모두 손자 손녀를 둔 할아버지 할머니가 되었습니다. 맏이 형님은 고향 땅에서 민선 군수를 지냈으며 저도 공직과 통신회사에 재직하다가 퇴직하였습니다. 형님은 평생 고향을 떠나지 않고 선산을 지키고 있으며, 저와 두 동생은 서울에서 살고 있습니다. 아버지가 특별히 예뻐하시던 세 살짜리 막내딸도 어느덧 고희를 훌쩍 넘긴 할머니가 되어버렸으니 무심한 세월은 빠르기도 하지요. 일 년에 한 번씩 '우리가족친목회'란 이름으로 60명이나 되는 대가족이 한데 모여 가족 간의 정을 더욱더 두텁게 나누는 행사를 정기적으로 이어오고 있습니다. 모두 아버지를 뿌리로 열매를 맺은 친 혈족으로 증손자는 여러 명이고 고손자도 있습니다.

끝으로 가슴 아픈 심정을 억누르고 어머니 소식을 알려드립니다. 어머니께서는 결국 이승에서 아버지를 다시 만나지 못하고 10년 전 향년 97세로 별세하셨습니다. 30대 중반에 과부가 되어 가난과 싸우며 자식을 위해 희생하신 열녀이십니다. 고향 선산에 아버지와 함께 쌍분으로 나란히 모셨습니다. 아버지는 지금도 생사를 확실히 알지 못하지만 자연 연령으로 봐서 100세를 훨씬 넘기셨으니 작고하신 걸로 추정하고 가묘를 만들었습니다. 자식 된 도리로 두 분의 영혼이나마 다시 만나 영면할 수 있는 자리를 마련하여 드리고 싶어서입니다. 제사는 어머니 기일에 함께 모십니다. 이제 두 분은 이 세상에 안 계십니다. 기다리고 기다리던 아버지의 귀가를 이제는 포기하렵니다. 아버지 어머니, 저승에서나마 못다 한 정을 마음껏 나누시고, 이승에 사는 사랑하는 가족들이 행복하게 살아갈 수 있도록 바른길로 인도하여 주시기를 소원합니다.

그리운 아버지 한없이 보고 싶습니다. 마음껏 불러보고 싶었던 아버지란 호칭을 저는 강산이 일곱 번이나 변하도록 불러보지 못했습니다. 이렇게 사무친 그리움을 안고 아버지에게 편지를 써 본들 어디에 계신지 주소를 알 수 없으니 부칠 수도 없네요. 이미 어머니를 만나 눈물로 얼룩진 사연들을 들으셨는지 모르겠으나 주소 없는 편지를 쓰는 이 자식도 가슴이 에입니다. 평생 처음이고 마지막으로 쓰는 이 편지를 아버지가 직접 받으실 수 없으니 제가 보관하고 있다가 언제고 아버지 어머니 곁으로 찾아가는 날 그때 이 편지를 읽어 드리겠습니다. 다시 뵈올 때까지 편히 쉬옵소서.

# 마지막 눈물

"어머니께서 운명하셨습니다." 삼천사 인덕원에서 걸려온 간호사의 떨리는 전화 목소리가 가슴을 짓누른다. 향년 97세의 고령이라 마음의 준비는 하고 있었지만 이렇게 갑자기 비보를 듣게 될 줄은 예상치 못했다. 입원한 지 채 한 달도 되지 않았다. 이제 이 세상에서 살아계신 어머니의 얼굴을 다시는 볼 수 없고 목소리도 들을 수 없게 되었다. 병원차에 실려 장례식장으로 향하는 어머니의 뒤를 따르며 죄인이 된 심정에서 하염없이 흘러내리는 눈물만 훔쳤다.

10년의 세월이 흘렀다. 이제는 잊을 법도 하건만 어찌 된 일인지 잊히지 않고 점점 되살아나는 어머니의 환영에 그리움만 쌓여간다. 그때 요양원에 모신 일이 한없이 후회된다. 오랫동안 병석에 계셔서 시설과 환경이 좋은 요양시설에 의탁하는 것이 집에서 모시는 것보다 더 낫지 않을까 하는 단순한 생각에 형제 가족들과도 상의 없이 혼자 결정을 내렸다. 오판이었다. 어머니의 마음을 읽지 못하였다. 어머니는 아무 말씀도 아니 하셨지만, 마지막 숨을 거두는 날까지 자식 집에서 임종을 맞고 싶었던 의중을 돌아가신 뒤에야 뒤늦게 깨달았다.

깨달은 시기는 이미 늦었다. 어머니의 마지막 소원을 들어 드리지 못하고 불효를 저지르고 말았으니 땅을 치고 후회한들 무슨 소용이 있겠는가. 이래서 주자십회朱子十悔의 첫 번째가 '불효부모사후회不孝父母死後悔'라 하였으니 옛 성현의 가르침이 정곡을 찌른다. 입원하던 날 아내가 어머니를 업고 현관문을 나가던 뒷모습이 너무나 슬퍼 가슴 한구석 응어리로 남아 있다. 그날 그 순간이 한평생을 같이 살았던 정든 집에서 가족과 이별하는 마지막이었다. 이 집을 나서면 이제는 살아서 돌아올 수 없겠구나 하는 생각에 어머니는 눈물을 삼키며 참았으리라.

어머니의 마지막 눈물은 입원하고 나서 두 주째 되는 날이었다. 며칠 간격으로 찾았을 때마다 아무 말 없이 자식들의 얼굴만 쳐다보시더니 그날은 갑자기 두 눈에서 빗줄기 같은 눈물이 얼굴을 흠뻑 적셨다. 가슴을 저미는 슬픔에 여동생은 오열했다. 일찍이 아버지를 여의고 청상과부로 한 세기에 가까운 고난의 세월을 살아오셨으니 어찌 회한의 눈물을 흘리지 않을 수 있으랴. 그러면서도 또 다른 설움이 복받친 것은 아닌지 그날 마지막 눈물의 의미가 자꾸만 가슴을 짓누른다.

또 다른 설움이란 요양원에서 갑자기 숨을 거두면 자식들이 임종을 지키지 못하리라는 불안감과 외로운 객사의 설움이 어머니의 눈물샘을 자극하지 않았을까 짐작되지만, 그날은 그 깊은 뜻을 헤아리지 못했다. 죽음을 앞둔 부모의 마음은 살던 집에서 자식의 병시중을 받다가 임종 시에는 당신이 배 아파 낳은 자식들에게 한마디 유언이라도 남기고 싶은 것이 인지상정이다. 그럼에도 어머니는 요양원 병실에 갇혀서 그렇게 할 수 없는 처지가 되었으니 이런저런 서러움이 한데 쌓였다가 마지막 눈물로 쏟아졌으리라. 자식에 대한 훈계와 원망도 모두 그 눈물 속에 녹아내렸음을 그때는 왜 선뜻 알아차리지 못했을까.

그날 집으로 가겠다고 한마디만 말씀하셨으면 곧바로 모시고 왔을 텐데, 아무 말 없이 눈물만 흘리셨으니 그 눈물의 의미를 몰라주는 미욱한 자식 놈이 얼마나 괘씸했을까 두고두고 가슴을 적신다. 다시 생각해 보니 자식에게 짐을 지우지 않으려는 어머니의 마지막 내리사랑이 귀가 의사를 포기하셨으리라 짐작된다. 고려장 지게에 실려 가면서도 소나무 가지를 꺾어 돌아가는 자식의 길 표시를 하는 노모의 마음과 다르지 않다. 옛말에 '내리사랑은 있어도 치사랑은 없다'고 하지 않았는가. 만약 그날 집으로 모셨다면 무슨 수를 쓰더라도 3년을 더 버텨서 100세 장수기록을 세우고 싶었지만 이미 엎질러진 물이 되고 말았다.

흔히 하는 말로 자식이 여럿 있어도 임종할 자식이 따로 있다고 한다. 또 우리네 풍속은 객사를 불행하다고 생각한다. 3남 1녀의 자식을 두었지만, 막상 임종 시에는 옆에 자식이 한 사람도 보이지 않고 살던 집이 아닌 곳에서 외롭게 이승을 하직하셨다. 어머니의 마지막 가는 길을 마음 편하게 모시지 못하고 설움의 눈물을 흘리게 하였으니 자식 된 도리를 다하지 못한 죄인이 되고 말았다. 호의호식보다 어머니의 마음을 편하게 해드리는 것이 가장 좋은 효도 방법임을 내심 알고 있으면서도 살아계실 때 실천하지 못한 과오가 씻을 수 없는 한으로 남는다.

어머니의 존재는 위대하다. 이 세상 어떤 것과도 비교할 수 없는 가치를 지니고 있다. 비록 병고에 시달리며 자식을 힘들게 할지라도 안방에 누워 살아계시기만 한다면 그 자체가 행복의 원천이며 그 어떤 희생도 그 어떤 대가도 어머니의 존재가치보다는 가볍다. 이 불변의 진리를 어머니 사후에 절실히 깨닫고 이 글을 쓰고 있는 나 자신은 얼마나 미련한 놈인가. 서장에 올려놓은 사진 속 어머니께서 "네 이놈! 어미를 요양원에서 죽게 하다니! 불효막심한 놈!"이라고 호통치시는 소리가 귓전을 울린다. 어머니의 한 맺힌 마지막 눈물을 가슴에 담고 사죄의 글을 영전에 올린다. "어머니 잘못했습니다."

이진형 수필집

격정激情의 시간

2021년 9월 15일 초판 인쇄
2021년 9월 20일 초판 발행

지은이 / 이진형

발행인 / 강병욱
발행처 / 도서출판 교음사
편 집 / 隨筆文學社 出版部

03147 서울 종로구 삼일대로 457 수운회관 1308호
Tel (02) 737-7081, 739-7879(Fax)
e-mail : gyoeum@daum.net
등록 / 제2007-000052호

* 잘못된 책은 바꿔 드립니다. 값 12,000원

ISBN 978-89-7814-833-7 03810